RECOMENDACIONES

Aunque conozco a los pastores Philip y Michelle Steele desde hace varios años, no conocía a la mujer que ella describió en este nuevo y poderoso libro.

Mi primer pensamiento después de leerlo fue que es indudablemente cierto que el amor de Dios y el poder del Espíritu Santo pueden transformar una vida cuando una persona está dispuesta a aceptarlos. Michelle es la prueba viviente de esto, y la felicito por ser tan abierta y transparente al contar su historia. Sé que su testimonio del cambio de vida que experimentó ministrará a multitudes.

No importa cuán profundos sean los pozos y la oscuridad en que se encuentren las personas, el amor de Dios es capaz de llegar así de lejos. Una vez más, la historia de Michelle demuestra que esto es verdad.

Yo oro que conforme leas este libro, si te identificas con la desesperación que Michelle experimentó, entonces hagas lo que ella hizo. Ve a Dios y pídele a Su Hijo, Jesús, que entre en tu vida como ella lo hizo.

¡Hay esperanza! ¡Hay una salida, y Su nombre es Jesús!

DR. JERRY SAVELLE
Crowley, Texas
Jerry Savelle Ministries International
www.JSMI.org

Conozco a Michelle Steele desde hace muchos años, y ella es una verdadera mujer dedicada a Dios. *Escapando del infierno* es una guía de "cómo hacer" para mantenerse libre de un pasado de oscuridad y poner a Dios en primer lugar. ¿Cómo puede alguien escapar de un pasado de abuso de drogas y prostitución y convertirse en la esposa de un pastor y una hábil maestra de la Biblia y mucho más? ¡El increíble libro de Michelle es una lectura interesante! Una vez que lo tomas, no podrás dejarlo.

Dr. Pat Harrison
Tulsa, Oklahoma
Cofundadora y Presidenta de Faith
Christian Fellowship International
www.fcf.org

Aunque nunca conocí a la Michelle que se describe en la primera mitad de este libro, mi esposa Jeanne y yo conocemos a la "nueva" Michelle desde hace varios años. Si deseas una prueba de cómo Jesús transforma completamente una vida, ¡tienes que leer este libro!

Pastor Happy Caldwell
Little Rock, Arkansas
Fundador y Presidente de
Victory Television Network
www.vtntv.com

ESCAPANDO DEL INFIERNO

UNA HISTORIA VERDADERA

EL PODER MILAGROSO DE
DIOS PARA RESTAURAR UNA VIDA
EMPEÑADA A LA DESTRUCCIÓN

MICHELLE STEELE

Publicado por Editorial Harrison House

Shippensburg, PA 17257

ISBN 13 TP: 978-1-6675-0404-9

ISBN 13 eBook: 978-1-6675-0455-1

Para su distribución mundial

1 2 3 4 5 6 7 8 / 26 25 24 23 22

Dedicatoria

Este libro está dedicado a mi esposo. Philip, me has amado incondicionalmente. Cuando yo no podía encontrar valor alguno en mí, tú me amaste como si fuera un tesoro de valor incalculable. Tu ejemplo de amor, generosidad, y perdón son una expresión viva de mi Padre Celestial. Gracias por ser un hombre que camina con Dios.

CONTENIDO

PRÓLOGO

¡ASOMBROSA TRANSFORMACIÓN! Estas dos palabras capturan la esencia de la vida de Michelle Steele.

Este libro es cautivador, no sólo porque es una historia bien escrita de todo el alcance que el dominio de las tinieblas tuvo en la vida de una jovencita, sino por la prueba viviente del poder transformador de Jesucristo y Su Palabra.

A lo largo de los años he conocido a varios cristianos que vinieron a Jesús por circunstancias desesperadas. ¡Yo doy gracias a Dios por su liberación! Pero ellos seguían luchando años después, lidiando con su pasado y el trauma que este había causado. ¿Por qué la vida de Michelle Steele es diferente a la de ellos? ¿Es ella especial? ¿Dios la ama más a ella? ¿Cómo es que una drogadicta y una prostituta se convierten en la esposa de un pastor, madre, experta maestra de Biblia, co-pastora de dos iglesias y autora de 10 libros?

Ella puso la Palabra de Dios en primer lugar en su vida declarándola y actuando sobre ella continuamente. Según he visto, ella todavía lo hace.

En este libro, ella comparte claves específicas para superar el pasado y caminar hacia la libertad. La respuesta no está en nuestros sentimientos, sino en creer lo que Dios ha dicho acerca de nosotros. Nosotros verdaderamente somos quienes Él dice que somos, y podemos hacer lo que Él dice que podemos hacer. El pasado y los *sentimientos* de fracaso no son *la autoridad que domina nuestras vidas,* la Palabra de Dios es la mayor autoridad. Michelle te mostrará cómo llegar al lugar de *creer, recibir y alcanzar* el éxito en tu vida. No importa si tus antecedentes están contaminados con el pecado o si eres un feligrés entusiasta, ¡los principios en este libro se aplican a TI!

Cuando yo conocí a Michelle, ella se había puesto en contacto con nuestro ministerio ofreciéndome traducir algunos de nuestros libros al idioma español. Me pregunté quién podría ser esta persona y cuáles eran sus aptitudes, así que hice una búsqueda y encontré un sitio web con un video de su enseñanza. (Traduciendo correctamente ¿¿¿"qué" quiso decir Charles Capps cuando dijo eso???" puede ser más que desafiante cuando no estás familiarizado, ¡cómo un agricultor de Arkansas *habla* y *cuál* es su verdadero mensaje!).

Para mi asombro, encontré a una poderosa mujer de Dios, enseñando la Palabra de Dios como lo hizo mi padre; ¡solo que sin el acento de granjero sureño! Mientras escuchaba, me impresionó su conocimiento de las Escrituras y me llamó la atención que ella misma hubiera aprendido a hablar y predicar en español porque eso es lo que el Espíritu Santo le había instruido que hiciera.

Michelle no solo tradujo nuestros libros, sino que me pidió que fuera invitada a su programa de televisión en Little Rock, Arkansas, donde descubrimos que teníamos una verdadera "sinergia" al compartir el poder transformador de la Palabra de Dios. Recibimos tanta respuesta positiva de estos programas que hemos seguido produciendo y transmitiendo nuevos programas.

Philip y Michelle Steele me invitaron a hablar en sus iglesias en Kansas y Arkansas y se desarrolló una profunda amistad. Encontré pastores hábiles y ungidos que pastorean a sus ovejas a ser creyentes fuertes y también invitan el fluir del Espíritu Santo en sus servicios. La salud de sus iglesias fue una confirmación adicional de que estos pastores están enseñando la Palabra a su gente.

Así que puedes ver, la Michelle que conocí no tiene nada que ver con la Michelle del pasado, que realmente yo no podría conciliar a las dos en mi mente. Y realmente no hay relación entre las dos. Una de esas personas está muerta. Muerta al pecado. Muerta a lo que fue y a lo que ha sido. La otra está verdaderamente viva para Dios. Ella se ha comprometido con su Señor y Salvador y con Su Palabra. Ella le pertenece a Él.

Esto es lo que significa ser una "nueva criatura en Cristo Jesús". La vida vivida en la carne está muerta, fue crucificada en la cruz. Lo que resucitó fue la "nueva Michelle". ¿Una segunda oportunidad? Sí. Pero no solo una segunda oportunidad, una nueva vida. Dondequiera que tu vida te haya llevado, no importa cuán lejos de Dios hayas corrido, ¡NO ESTÁS DEMASIADO LEJOS PARA DIOS!

Michelle Steele es prueba de ello.

Annette Capps
Presidenta de Capps Ministries
Broken Arrow, Oklahoma
20 de Febrero de 2022

CAPÍTULO UNO

LA FUERZA DE DESTRUCCIÓN

Érase una vez, un hombre que se encontraba en un lugar en el que nunca tuvo la intención de estar. Noche y día, la miserable existencia que algunos llamaban "vida" causó tal culpa, agonía y tormento a este hombre que tomó piedras afiladas y metal oxidado para tallar profundas heridas en su piel que coincidían con las heridas en su alma.

Vivía en un cementerio, vagando entre las tumbas, y tropezando en la oscuridad, gemía un triste aullido parecido al de animales. Colgando de sus muñecas y frotando ampollas alrededor de sus tobillos estaban las correas de su familia y amigos que habían tratado de detener su comportamiento autodestructivo.

Nadie podía frenarlo. El amor de su familia no pudo lavar la mancha de sus errores, y las condolencias de sus amigos no aliviaron la carga de su culpa. Su vida estaba destinada a la autodestrucción.

«Pero cuando vio de lejos a Jesús...». La Biblia nos dice en Marcos 5:6 que este hombre sucio y poseído por demonios corrió hacia Jesús y comenzó a adorarlo. Años de culpa, vergüenza y destrucción fueron limpiados en un momento, y este hombre se encontró en su sano juicio.

Esta historia ilustra el dolor de los primeros veintitrés años de mi vida. Cuando era una joven adolescente, tomé una decisión equivocada tras otra. Tuve problemas en casa, problemas en la escuela y problemas en mi familia.

El verdadero problema era el dolor autodestructivo en mi interior. Desde los quince años hasta que cumplí veintitrés años, corrí a través de las tumbas y me escondí en las montañas de la adicción a las drogas y la actividad criminal.

Mi familia trato de llevarme a un lugar seguro, pero escapé de su amor atacando su compasión. Destruí las relaciones y la confianza de las pocas personas en esta tierra que genuinamente se preocupaban por mí. Mi nombre es Michelle Steele y esta es mi historia.

> *Mis dientes estaban apretados rechinando, mi mandíbula se retorcía mientras espolvoreaba el costoso polvo blanco dentro de la tapa de la jeringa, jale solamente la cantidad exacta de agua y se la agregue al polvo en la tapa, jale la cocaína líquida dentro de la jeringa y le saque el aire.*
>
> *Los sonidos de los clientes del domingo por la tarde en el bar donde secretamente me drogaba fueron*

rápidamente ahogados por el sonido anticipado de los "trenes" que corrían en mi cabeza mientras mi corazón respondía al llamado de la cocaína bombeando sangre a través de mi cuerpo a un ritmo escandaloso. Agréguele a la fuerte dosis de cocaína, el hecho de que me había estado inyectando sin parar desde el viernes en la noche. Cada vez que me inyectaba, le pedía al hombre que suministraba mis drogas que pusiera más cocaína en mi cuchara porque no podía sentir la euforia de la manera en que quería sentirla. Días sin comer ni dormir y un aumento constante de cocaína demostraron ser una receta para el desastre.

Tal vez, fue por eso que perdí la conciencia antes de que pudiera siquiera desatar el cinturón de mi brazo izquierdo. Podría ser la razón por la que mi corazón dejó de latir y mi aliento abandonó mi cuerpo.

La oscuridad me rodeaba, una oscuridad que se sentía malvada y opresiva. De repente, estaba parada frente a una calavera. Pero no era un esqueleto completo, solo un cráneo enorme que era tan alto como yo. Sentí manos que se extendían desde la oscuridad agarrándome, tratando de arrastrarme hacia la calavera. Eran manos de oscuridad, no de color negro, era la oscuridad extendiendo sus brazos, extendiendo sus dedos para agarrarme y llevarme a la muerte.

Experimenté el miedo de una manera que nunca lo había experimentado antes de ese momento. En ese instante, me di cuenta de que no estaba lista para morir. No quería que la oscuridad lograra alcanzarme. Con miedo, me volteé y corrí. Corrí de regreso a mi cuerpo.

El hombre que realizaba RCP (resucitación cardiopulmonar) en mi cuerpo sin vida se sorprendió. Un minuto estaba él tratando desesperadamente de hacer que mi corazón volviera a latir. Al minuto siguiente, se encontraba luchando contra una chica frenética, aterrorizada y medio enloquecida. Yo luchaba como si esas manos siguieran tratando de alcanzarme.

Corrí desde el cuarto de atrás del bar y por las calles del centro de la ciudad en Nashville, Tennessee. Cuando mis amigos del bar me alcanzaron, me quedé desconcertada en medio de la calle. La lluvia fría caía suavemente mientras me estremecía de miedo y la sangre seguía goteando de mi brazo.

Fui al infierno, y el infierno era real.

CAPÍTULO DOS

UN CALLEJÓN SIN SALIDA

Yo estaba en un cementerio de adicción, de culpa y de destrucción. Podrías haber mirado dentro de las tumbas oscuras y espeluznantes de mi drogadicción y haber visto a una chica drogada y sin esperanza. Tal vez, habrías llegado a la conclusión de que esta prostituta nunca se movería más allá de la calle para hacer algo por su vida. Nadie que me conocía jamás esperaba que saliera con vida.

¿Cómo terminé viviendo en un callejón sin salida, en un lugar en el que nunca deseaba estar? Yo nunca soñé con ser una adicta, vendiendo mi cuerpo para satisfacer las demandas de la droga que me estaba matando lentamente. Vivía la vida en el carril rápido de la adicción y el crimen. Aunque mi familia trató de redirigirme, me liberé de su amor y destruí la confianza de las pocas personas en esta tierra que realmente se preocupaban por mí.

Mi madre y mi padre nacieron, crecieron y se enamoraron en un pequeño pueblo en el este de Tennessee llamado Greeneville. Mi padre se enlistó en el Ejército poco después de que se casaron y se llevó a mi madre a Maryland donde mi hermano nació.

Un par de años después se encontraban en Frankfurt, Alemania, donde yo hice mi gran aparición. Mi madre cuenta historias de como yo era la niña más hermosa en todo el hospital del Ejército, empeñada en que todos podían reconocer que había algo especial en mí, ¿acaso no es eso lo que todas las madres dicen?

Yo era aún muy joven cuando mis padres se mudaron de vuelta a Tennessee. Mi padre había completado su tiempo en el Ejército, y nos estuvimos mudando varias veces hasta que por fin nos instalamos en Nashville. Mi papá trabajaba con computadoras, y mi mamá se quedaba en casa con mi hermano y yo.

La vida se veía bien a través de mis pequeños ojos de jardín de niños. Yo jugaba en la caja de arena detrás de nuestra casa y perseguía insectos luciérnagas al atardecer. Todos los viernes por la noche eran noche de pizza, y los sábados por la mañana veíamos caricaturas de Bugs Bunny y Wiley el Coyote.

Yo amaba a mis padres y pensaba que las cosas eran perfectas hasta que una noche me desperté para escuchar a mi madre sollozar y a mi padre borracho despotricar. Me paré en la puerta de mi habitación temblando en la oscuridad mientras mi mundo perfecto comenzaba a deshacerse.

Para cuando yo estaba en primer grado, mis padres se habían divorciado. Mi hermano y yo fuimos enviados a vivir con mis abuelos en el este de Tennessee. Veíamos a nuestros padres cuando ellos venían de visita en vacaciones. Ninguno de nosotros entendía por qué toda nuestra vida había cambiado por completo.

Vivimos en la granja con mis abuelos durante unos años hasta que mi padre se volvió a casar. Papá nos trajo a vivir con él, su nueva esposa y su hija, que era un poco más joven que yo. Mi hermano y yo teníamos visitas semanales con nuestra madre, que se había vuelto a casar y vivía a unos cuarenta y cinco minutos de nuestro nuevo hogar.

Asistí a excelentes escuelas y vivía en un suburbio próspero, rodeado de cantantes de música country y estrellas de Grand Ole Opry. Yo era una niña rica, criada en el regazo del lujo. Aprendí a conducir en el Mercedes de mi madrastra, tenía una piscina en mi patio trasero y vivía en una hermosa casa. Sin embargo, di vuelta hacia un camino que llevaba a la destrucción.

Un patrón de culpa inmerecida

Parecía una vida normal y promedio, excepto por la fuerza autodestructiva que eclipsaba mi vida. Lo que debería haber sido feliz se volvía triste, y lo que debería haber sido correcto continuaba resultando incorrecto.

En sexto grado, asistía a una iglesia con una niña de la escuela que me invitó. Fui allí durante aproximadamente un año, cantaba en el coro juvenil e incluso fui de viaje con el coro a la playa Panama City Beach.

Había un chico de dieciocho años que conducía un Trans-Am brillante y negro. Él tenía novia, pero me hablaba cuando ella no estaba cerca. Era una de las pocas personas que me saludaba cuando yo estaba allí.

Él me llamó varias veces y quería verse conmigo. ¿Cómo se suponía que iba a saber que él solo me estaba hablando para estar a solas conmigo? Yo tenía trece años cuando me obligó a tener relaciones sexuales. Yo no sabía nada de sexo. ¡Yo era una estudiante de sexto grado! No lo deseaba, y no estaba "interesada". Fui presionada para hacerlo. Después de tener relaciones sexuales conmigo, ya no me hablaba. Cuando su novia se enteró, ambos actuaron como si yo fuera la culpable que lo obligó a hacer algo. No volví a la iglesia durante muchos años.

Presión para actuar

Cuando tenía unos trece años, mis padres compraron un caballo Tennessee Walking para que mi hermanastra y yo lo montáramos. ¡Yo estaba emocionada! La granja estaba muy cerca y se podía ir caminando. Yo pasaba horas ahí con los caballos.

Había un hombre mayor que trabajaba en la granja. Él tenía un caballo allí, un mustango que podía correr como el viento, y él se ofreció a dejarme montarlo cuando yo quisiera. Pero era demasiado ingenua para darme cuenta de que este hombre estaba usando el mustango para ponerme en una posición comprometedora.

Un día, me invitó a ir con él para ver algunos otros mustangos salvajes que él estaba interesado en comprar. Lo hizo parecer tan inocente y divertido. Mis padres me dejaron ir en esta expedición, sabiendo lo emocionada que yo estaba con los caballos. No fue hasta que llevábamos más de una hora de viaje que me di cuenta de que algo no estaba del todo bien.

El hombre tenía los ojos borrosos y arrastraba el habla. Él extendió su mano y comenzó a frotarme la pierna, metiéndola entre mis piernas. Yo estaba aterrorizada. Todo lo que sabía hacer era deslizarme lo más lejos posible hacia la puerta del lado del pasajero y temblar silenciosamente de miedo.

Esto lo hizo enojar, y su enojo fue un tormento. Él permaneció enojado conmigo todo el resto del viaje. Para una joven que prosperaba complaciendo a la gente, necesitando su aprobación, esta ira se convirtió en una pesada carga de culpa que me siguió a lo largo de mi juventud.

¿Qué hice? ¿Por qué está enojado conmigo? Mis padres nunca supieron lo que había pasado. De alguna manera, tenía miedo de que si se los decía, YO estaría en problemas. Pronto, comencé a evitar la granja por temor a encontrarme con él. Como no estaba cuidando a la yegua, alimentándola o montándola regularmente, mis padres terminaron vendiéndola.

Al año siguiente, comencé la escuela secundaria. El entrenador de fútbol de séptimo y octavo grado impartía clases de salud. En clase, dejaba que las porristas y las chicas más bellas se sentaran en su escritorio para ayudarlo a calificar los trabajos. Para una joven estudiante de primer año que quería encajar, parecía un lugar de estatus, una posición de importancia.

En el segundo semestre, fui una de las "elegidas" que se sentaba en el escritorio para calificar los trabajos. De alguna manera, en conversación, el entrenador se enteró de que me encantaban los caballos y me invitó a ir con él y a algunos amigos a montar a caballo en la nieve. Cuando llegó el día, yo era la única allí para montar. Yo pensé, *Aquí vamos de nuevo. Ahora, ¿qué hago?*

No quería hacer que el entrenador se enojara conmigo. Entonces, cuando comenzó a tocarme, me estremecí y grité en silencio, pero no me moví. Cuando me puso sus grandes labios bigotudos y me besó, me horroricé y traté desesperadamente de pensar en una forma de escapar, pero no pude encontrar una salida sin hacerlo enojar.

Una vez más, *pensé* que no podía decírselo a nadie porque tenía miedo de meterme en problemas. Me sentía culpable, como si yo hubiera hecho algo malo, y estaba atormentada.

Finalmente, me animé a ir con el director y compartir lo que había sucedido. Mientras estaba sentada en la oficina exterior esperando una reunión con él, me quedé atónita cuando el entrenador y el director salieron de la oficina para ir a un juego de golf por la tarde.

Sabía que mis palabras serían en vano. Cuando me vio sentada allí, el entrenador me lanzó una advertencia fría y dura con sus ojos. A partir de ese momento, algo sucedió en mi corazón. Acepté la culpa de su pecado y yo comencé a odiarme. Comenzó un patrón de autodestrucción.

Automedicación y automutilación

El caos en mi interior por la vergüenza y culpa comenzó a envenenar cada área de mi vida. Recurrí a la música para aliviar mi dolor y encontré consuelo en la letra de canciones heavy metal que prometían que el suicidio era la solución, me sumergí en la rebelión y en la angustia que oía en esas canciones.

En cuestión de meses, me encontraba buscando en un cajón de la casa una cuchilla de afeitar y me encerré en el baño, tratando de cortarme la muñeca. Logré extraer sangre, pero no profundicé lo suficiente como para suicidarme. Nadie supo nunca que lo había intentado. Si bien todavía tengo las cicatrices en mi muñeca, nadie notó las heridas en mi brazo de catorce años.

Me escondí en el armario y oré a Satanás para que usara mi vida. Oré para que el diablo me hiciera glamorosa y sexy como las imágenes que había visto en las revistas porno de mi papá. Ni siquiera sabía cómo orar a Dios, pero descubrí cómo orar al diablo a través de las canciones que escuchaba y los libros a los que éstas me llevaban a leer.

Mis padres comenzaron a llevarme a ver a un psiquiatra. Yo odiaba cada sesión. Por supuesto, él quería hablar sobre la vida en el hogar y mi pasado y lo que podría haber sucedido para llevarme a este lugar de destrucción. Yo culpaba a mis padres por divorciarse, y culpé a mi madrastra por todo lo que salía mal en mi vida. Le dije al psiquiatra todo menos la verdad. A estas alturas, estaba convencida de que algo en mí estaba inclinado hacia el mal camino.

Terminé en la sala de psiquiatría del hospital cuando estaba en noveno grado y comencé a tomar medicamentos contra la depresión. Cuando me dieron de alta, me di una sobredosis con antidepresivos y casi muero. Pero nadie lo sabía. Simplemente pensaron que estaba enferma y necesitaba dormir.

Comencé a buscar aceptación con los chicos rudos en la escuela. Como nunca habíamos vivido en ningún lugar el tiempo suficiente para que yo desarrollara amistades, no tenía idea de cómo encajar con nadie. Solo trataba de ser más ruda y loca que el resto. Aprendí a beber más, a maldecir más y a tomar grandes riesgos.

Mis padres me dejaban en el centro comercial donde me veía con chicos mayores que me llevaban a drogarnos y a parrandear, les mentía a mis padres acerca de a donde iba y me iba a conciertos de los cuales honestamente no recuerdo ninguno, ya que para cuando la música comenzaba ya estaba bien borracha o drogada.

Durante este tiempo, conocí a muchos chicos mayores que se aprovecharon de mi rebelde juventud. Les era fácil hacerme acostar con ellos porque no quería hacerlos enojar diciéndoles que no. Muchas veces, un chico me hacía sentir que tenía que hacerlo hasta el final. Si empezaba a salir con él, él me presionaba para que "terminara lo que empezaba".

Poco a poco, estaba siendo programada para dar lo que no quería dar para el placer de otra persona. Estos tipos dejaban en claro que esperaban algo a cambio del dinero que habían gastado en el cine y una cena. Pero la mayoría de las veces, nunca me trataban tan bien. Yo solo me escabullía de mi habitación por la noche y hacía que la gente me recogiera en el camino. Me convertí en esa chica que estaba lo suficientemente loca como para hacer cualquier cosa.

Una adolescente fugitiva

Estaba lo suficientemente loca como para huir de casa tan pronto como cumplí dieciséis años y recibí un auto. Tenía la intención de ir a California y conseguir trabajo. Llegué hasta Phoenix, Arizona, antes de que el chico que había huido conmigo tomara *mi* dinero y se comprara un boleto de autobús de regreso a casa.

Una amable señora que me encontró llorando en la banqueta afuera de un hotel me dio suficiente dinero para conducir a Fort Smith, Arkansas, adonde se había mudado una amiga que conocía de la escuela secundaria. Pero en Arkansas, mis padres me localizaron y se llevaron el auto. Yo me escondí en el ático de la casa de mi amiga hasta el anochecer. Ella me compró un boleto de autobús para enviarme a Detroit, donde conocía a una amiga.

Detroit era un lugar loco y peligroso para una fugitiva de dieciséis años. Fue en Detroit donde me derrumbé y llamé a mi abuelo en medio de la noche. Él dijo: «Niña, ¿qué estás haciendo? ¡Vuelve a casa!». Yo tomé un autobús de regreso a Nashville.

Pero mi regreso a casa fue de corta duración porque a la mañana siguiente, me internaron en un hospital psiquiátrico para adolescentes. Yo estaba tan enojada de haber regresado solo para ser encerrada. Yo no era la única que no quería estar encerrada en ese centro. Escuché a un tipo haciendo planes.

Más temprano esa mañana, una paciente se había enojado y golpeó su puño contra la ventana. La ventana se rompió porque era de simple vidrio en lugar de vidrio reforzado. Este tipo estaba hablando de romper otra ventana y escapar esa noche.

La chica que era mi compañera de cuarto no quería irse, pero estaba dispuesta a ser la distracción para que pudiéramos escapar. Tarde esa noche, los dos chicos gatearon a nuestra habitación. Mi compañera de cuarto fue al escritorio de la enfermera, diciendo que se sentía enferma. Empujamos una cama frente a la puerta, y vertí una botella entera de aerosol líquido para el cabello en la cama y encendí un fósforo.

Los chicos tomaron una mesa de noche y la arrojaron contra la ventana. Pero esta ventana no se rompió como esperábamos. Era vidrio reforzado. Después de algunas veces más de golpear la ventana con la mesa de noche, el vidrio se había fragmentado lo suficiente como para que finalmente pudiéramos empujarlo fuera del marco y saltar al suelo. ¡Nos dimos a la fuga!

Fuimos a un área al este de Nashville con unos estudiantes de un colegio de diésel que yo conocía, ¡súper parranderos! Yo me quedé ahí con ellos algunas semanas, la casa era la típica casa de fiestas con gente fumando mariguana y emborrachándose todo el tiempo.

Uno de los hombres que vivía ahí tenía una novia casi de mi edad y le conté acerca de la casa de mis padres en Tennessee y que tan ricos eran. Decidimos caminar a Hendersonville, que estaba a un día de distancia caminando desde el este de Nashville. Nos escondimos toda la noche atrás de la casa de mis padres y esperamos hasta que se fueran a trabajar al día siguiente, nos metimos a la casa y nos llevamos la joyería que estaba en el joyero de mi madrastra.

Después de haber caminado de regreso hasta Nashville, ella dijo que conocía a alguien que podía vender la joyería. Estos tipos nos llevaron a una tienda al otro lado de la ciudad y nos dijeron que los esperáramos ahí mientras ellos iban a la siguiente calle a venderla, pero nunca regresaron. (¿Les mencioné que tan ingenua era yo?).

Me enteré de cómo vender mi plasma mientras estaba allí. Vendí mi plasma para comprar un boleto de concierto de un grupo de rock. Antes del concierto, tomé una mezcla de bebida alcohólica de menta por primera vez. ¡Me emborraché mucho! Apenas recuerdo el concierto. Perdí a las personas con las que me había ido, y no estoy segura de cómo regresé al lugar donde me estaba quedando.

Una segunda oportunidad

Unos días después, pasé por el negocio que mi mamá y mi padrastro tenían para saludarlos. Todo este tiempo me había estado escondiendo a sólo unas cuadras de su negocio de reparar zapatos. Mi mamá estaba feliz de verme, Jim ofreció comprarme un sándwich del negocio de al lado, yo era tan ingenua que no me di cuenta de las señas silenciosas que se hacían el uno al otro.

Mientras él estaba al lado, le llamó a la policía para reportarme. Mi corazón se encogió cuando vi a la patrulla estacionarse enfrente a su negocio. Yo me sentí traicionada al ver a mi mamá y darme cuenta de que el primer contacto que había tenido con ella en meses terminaría conmigo esposada. Me fui de ahí en la parte de atrás de la patrulla.

Pasé la noche en la cárcel para adultos del Condado de Sumner esperando mi comparecencia ante un juez. Cuando me presenté ante el juez, le pedí que le quitara mi custodia a mi papá y madrastra, y el juez me puso en una casa hogar con otras ocho jovencitas, y me establecí en mi nueva vida.

Fui a la preparatoria y viví en la casa hogar por un largo tiempo. Mis calificaciones eran buenas y salí adelante en ese entorno estructurado. Me uní al grupo del coro de la preparatoria e hice nuevos amigos. Realmente disfruté el undécimo grado. Fui al baile de graduación e incluso viajé a la ciudad de Nueva York con el grupo del coro para ver *Cats* en Broadway. Tuve algunas visitas de fin de semana con mis padres, y estábamos trabajando hacia la restauración.

Pero fue durante mi tiempo en la casa hogar que comencé a recibir cartas de un chico llamado "Bo". Yo lo había conocido un año antes, a través de una amiga de la secundaria. Como yo era conocida por ser una "chica salvaje", ella pensó que Bo y yo tendríamos algunas cosas en común. Él era tan "salvaje" que mientras ella salía con él, le pedía que le presentara a otras chicas, lo loco era que ella si lo hacía.

Yo había hablado con Bo por teléfono varias veces. Al principio pensé, *¡Qué tipo tan arrogante!* Él quería hablar de sexo y de lo rudo que era. Pero fue el desafío en su voz lo que me empujó a conocerlo. Él me desafió a demostrar mi valía diciendo: "la chica del suburbio es demasiado buena como para venir al este de Nashville". Usó tácticas como: "tienes miedo, eres una habladora, eres sólo como otra chica del condado de Sumner, puro bla bla bla y nada de acción". Él era atrevido, peligroso y muy seguro de sí mismo.

Bo era conocido en esa parte de la ciudad por ser un tipo rudo. Todas las chicas lo querían, y él lo sabía. Tenía la mirada de estrella de rock, chico malo con cabello largo y negro y ojos azul acero. Entraba en un lugar, pavoneándose como si estuviera buscando problemas. Los chicos de la ciudad le tenían miedo, y las chicas estaban intrigadas con él.

Todavía no sé cómo supo que yo estaba en la casa hogar o cómo fue que consiguió la dirección de la casa hogar. Bo estaba encerrado en un centro correccional de máxima seguridad para menores cumpliendo una condena por robo a mano armada. En sus cartas, me hablaba como si fuéramos novios. Escribió cosas como: "No puedo soportar la idea de que *mi chica* esté encerrada". Sus cartas me llegaban regularmente, y me fue ganando por su atención. Nunca nadie había mostrado tanto interés en mí queriendo ser mi novio. Nos mantuvimos en contacto y terminamos siendo liberados casi al mismo tiempo.

La casa hogar me liberó de vuelta a mis padres. Parecía tan difícil estar en casa después de todas las mentiras que había dicho y la desconfianza que había causado. Pero mi madrastra me dio un trabajo en su empresa, y me compraron otro auto para que yo lo condujera. Nosotros intentamos volver a la normalidad. Pero la fuerza destructiva seguía con furia en mi vida.

Yo no era adicta a las drogas ni al alcohol. Estaba convencida de que no merecía nada bueno y decidida a castigarme alejando a aquellos a quienes debería haber abrazado. Buscaba a los que no se preocupaban por mí, pero querían usarme.

Empecé a hablar con Bo por teléfono, fui a visitarlo a casa de su abuela varias veces. La primera vez que fui, Bo estaba al lado en casa de su papá. No era una familia normal en la que un padre responsable está presente. El papá de Bo lo animaba en su comportamiento ilegal.

El padre de Bo me envió a un lado de la casa después de verme con una mirada hambrienta. Su padre tenía un viejo autobús que había convertido en un camper. Era como una casa de fiestas sobre ruedas. Bo tenía pintura alrededor de la boca y estaba actuando de manera extraña.

Yo no sabía lo que era drogarse con solventes, pero pronto lo descubrí. Bo me besó y su boca sabía a pintura en aerosol. Él me animó a intentarlo, y lo hice una o dos veces. Después de la alucinación inicial, mi estómago se sentía como si hubiera montado demasiadas montañas rusas, y me dolía la cabeza. No me quedé mucho tiempo.

Me llamó para que fuera otra vez, fui por él y terminé llevándolo al este de Nashville para encontrar mariguana y tomar cerveza. Yo le había robado dinero a mi madrastra y no regresé a la casa ni avisé donde andaba.

Cuando me confrontaron, los amenacé con huir de nuevo. No estaba hablando en serio, pero mi boca continuó hablando y mi orgullo siguió rebelándose. Mis padres me dejaron irme. Me dijeron: «Sólo que no te lleves el carro».

Bo se sorprendió cuando me aparecí a la puerta de su casa al día siguiente. De hecho, era la casa de su abuela, y le dije que no tenía a donde ir. Ambos teníamos solo dieciséis años.

CAPÍTULO TRES

ROMPIENDO RELACIONES

Anne Cosby dejó que me quedara, acordando que yo dormiría en un área separada y que trabajaría para pagar renta. Trabajé como mesera en un restaurant que estaba a una calle.

Yo trabajaba con una chica llamada Tina, que conocía a Bo de la escuela. En lugar de esperar a que yo saliera del trabajo, Bo se iba con ella cuando ella salía antes que yo.

Discutimos sobre el hecho de que él estaba pasando mucho tiempo con Tina, y yo pronto descubrí que él no estaba interesado en ser un hombre de una sola mujer. Nosotros discutimos, y la discusión se convirtió en una pelea. Bo me abofeteó un par de veces antes de tirar todas mis pertenencias en la parte trasera de la vieja camioneta de Anne. Él se fue, y yo estaba desamparada, tratando de decidir qué hacer.

Bueno, cuando Anne llegó a casa, vio todas mis pertenencias tiradas en su camioneta y preguntó: «¿Por qué cree *él* que puede echarte de *mi* casa?». Ella me ayudó a regresar mis pocas posesiones a la habitación que yo estaba rentando.

En ese momento, debí haberme dado cuenta de que no debía quedarme con un hombre que me golpearía. Pero yo no tenía ni idea acerca de la violencia doméstica. No sabía nada sobre el abuso. No tenía a nadie a quien acudir y ningún lugar a donde ir. Yo no sentía que podía irme a casa o recurrir a mi madre. Su respuesta a mi problema había sido encerrarme o darme antidepresivos.

Cuando él regresó con ganas de acostarse conmigo o de obtener dinero de mí, me alegré de tenerlo de vuelta. Pero mi decisión de volver con él fue como decirle: "Me pusiste las manos encima, y yo lo permití. Ahora me quedo por más".

Yo atendía mesas hasta el cierre todas las noches y trataba de asistir a la escuela durante el día. Pero fue una experiencia totalmente diferente en esta escuela. Pasé de ser una estudiante de puros dieces y nueves en una escuela suburbana, a reprobar mis clases en una escuela del centro de la ciudad. Me sentía fuera de lugar. Agrégale a eso el hecho de que trabajaba hasta altas horas de la noche y me quedaba dormida en clase. Abandoné mi último año de la preparatoria.

Bo regresó al centro correccional juvenil por aproximadamente un año por el robo a mano armada que había cometido. Al principio, fue encarcelado en una instalación de seguridad media cerca de Pikeville, Tennessee, que estaba lejos de Nashville. Solo podíamos ir a verlo más o menos una vez al mes.

Pero un sábado por la mañana, Anne me dijo que tenía una sorpresa para mí. Condujimos por la carretera hacia un área en las afueras de Nashville llamada Ashland City. Cuando tomamos la salida, ella me explicó que Bo había sido transferido a una instalación de seguridad mínima cerca de nosotros. Visitamos a Bo y descubrimos que él podía ganar pases de fin de semana por buen comportamiento.

El primer fin de semana que Bo ganó un pase de fin de semana, tomó parte del dinero que yo había ganado para comprar un automóvil de cien dólares. Él pasó todo el fin de semana trabajando en ese patético auto hasta ponerlo en marcha. Yo no sabía el plan que él estaba formulando en su mente.

Escape de la prisión

A la semana siguiente, él me llamó y me dijo que condujera por la calle del centro correccional muy lentamente. Me di cuenta de lo que él me estaba pidiendo que hiciera, y me asustó inconscientemente. Él me indicó que empacara nuestra ropa y trajera todo mi dinero. Yo hice lo que él me indicó y conduje por la calle lentamente, escuchando y mirando. No pasó nada, así que conduje de regreso a la casa de Anne, tratando de actuar como si nada estuviera fuera de lo ordinario.

Bo me llamó en cuanto entre a la casa, y me dijo: «Ven otra vez a la correccional, manejando despacio por el lado de la carretera con las luces apagadas y escucha cuando silbe».

Viajé de regreso por la carretera y giré hacia el camino que conducía al centro correccional. Mis manos estaban sudando, y mi estómago se revolvía mientras apagaba las luces y conducía lentamente por la calle en la oscuridad con mis ventanas abajo.

Efectivamente, un silbido bajo y suave atravesó la silenciosa noche campestre, y de la oscuridad, Bo y otro chico vinieron corriendo hacia el auto. Ellos saltaron adentro y se deslizaron hacia abajo en los asientos mientras Bo me animaba a conducir con la mayor normalidad posible.

¿Y ahora qué? Nosotros estábamos oficialmente huyendo con muy poco dinero. Bo me convenció de hablarle a mi papá para pedirle dinero para ir a Florida, cuando ni siquiera había estado en contacto con él, me enteré de que Sharon y él se habían divorciado y que mi papá se había mudado a Orlando.

Cuando llamé a mi padre, él se sorprendió. Aceptó darme dinero y nos dejó quedarnos con él durante unas semanas. Él ni siquiera me preguntó por qué la gran prisa. Llamó a un amigo suyo en Nashville que nos recibió con algo de dinero en efectivo y llenó nuestro tanque. Nos dirigimos a través del país en un carro chatarra que habíamos comprado por cien dólares. ¡Estábamos huyendo de la policía!

Llegamos a Florida con grandes planes de conseguir trabajo y un apartamento. Al menos, pensé que esos eran nuestros planes. Además del dinero de la gasolina, mi padre nos dio alrededor de quinientos dólares más para conseguir un apartamento, así que comenzamos a buscar trabajo y a ver apartamentos. Bo no podía dar su número de seguro social o su nombre real porque estaba huyendo, así que estábamos teniendo dificultades para encontrar trabajo.

En ese tiempo, yo no bebía mucho ni consumía drogas en exceso. Yo fumaba un poco de mariguana aquí y allá y eso me satisfacía lo suficiente. Pero Bo tenía un apetito diferente.

Un día, cuando se suponía que él estaba buscando trabajo, Bo se las ingenió para comprar algo de morfina y jeringas. Él la trajo al apartamento de mi padre junto con una enorme bolsa de cigarros de mariguana, y nos sentamos a drogarnos en lugar de buscar trabajo.

Mi papá nos confrontó una tarde estando bien drogados como para poder contestarle, nos dijo que nos quedáramos con el dinero y que buscáramos otro lugar para quedarnos.

Nosotros hicimos las maletas y nos fuimos esa noche, sin saber exactamente a dónde iríamos. Bo había sido encerrado con alguien que vivía en Michigan, así que nos dirigimos en esa dirección. Estábamos conduciendo desde Orlando, Florida, a Michigan en ¡un auto de cien dólares que no era apto para la carretera!

Pasamos por Nashville en nuestro camino y nos alojamos en el apartamento de un amigo. Usamos parte del dinero que nos quedaba de lo que mi papá nos había dado para comprar algo de droga de los barrios.

Esta fue mi segunda cxperiencia con una aguja. Encontramos lo que se llamaba "tees and blues". Estas dos píldoras se usaban para pacientes cardíacos, pero nosotros las mezclamos y nos las inyectamos.

Estas píldoras eran tan calcáreas que tuvimos que romper un filtro de cigarrillo para usarlo para extraer las drogas y evitar que todo el polvo entrara en nuestras jeringas. Nosotros nos drogamos esa noche con los amigos de Bo y nos fuimos por la mañana.

Todavía teníamos al joven que había escapado con Bo viajando con nosotros. Él no era ningún problema, excepto cuando Bo quería tener relaciones sexuales, y luego, tres era una multitud. Los tres nos detuvimos en Kentucky esa noche y gastamos parte de nuestro dinero en una habitación de hotel.

¡Yo estaba tan cansada que apenas podía mantener los ojos abiertos! Bo tenía otras cosas en mente, pero yo estaba tan cansada que había arruinado sus planes. Él se enojó y se puso irascible por lo que esperaba de mí. Yo pensé, *Aquí vamos con la culpa y las expectativas de nuevo.* Yo comencé a entender que mi valor como mujer se basaba en el nivel de rendimiento según las expectativas de un hombre.

En otras palabras, solo valía algo si le daba lo que él quería. Pero el problema era que "lo que él quería" seguía cambiando. Nunca podía estar al día con las demandas.

Nosotros condujimos hasta Michigan solo para descubrir que el joven que Bo conocía se había ido de la ciudad para quedarse con su madre. El padre del chico nos dejó pasar la noche en el suelo y nos preparó desayuno por la mañana.

Habíamos llegado en medio de una tormenta de nieve y no teníamos ropa para el frío. El hombre sintió lástima por nosotros y nos dio cobijas y algunas chamarras viejas mientras nos preparábamos para ir quién sabe adónde.

Manejamos hasta quedarnos sin dinero y sin gasolina. Dejamos el título en ese auto de cien dólares para quien lo encontrara y nos pusimos a caminar en la fría tormenta de nieve.

Yo estaba enferma y agotada. Causaba lástima, pero me sentía aún peor de lo que parecía. Me quedé parada congelándome a la orilla de una carretera fría y húmeda, preguntándome: *¿En qué me he metido?*

¿Es para experimentar esto que me escapé de mi casa? Me había escapado del gobierno y las reglas de mis padres y escuela sólo para ser miserable en el frío en medio de la nada.

Bo llamó a su familia desde el calor de una parada de camiones. Recuerdo haberlo escuchado quejarse con su madre de que yo no era divertida. Él dijo: «Ella está enferma todo el tiempo y solo quiere dormir». Su madre le abrió sus ojos y los míos a los hechos de la vida. «¡Hijo, probablemente esté embarazada». El padre de Bo accedió a comprarnos unos boletos de autobús a casa, y el amigo de Bo llamó a sus padres y también se dirigió a casa.

Sola en la montaña

Como seguíamos estando a la fuga, la familia de Bo nos preparó un lugar en el campo que el papá de Bo tenía. Era un viejo camper sin electricidad y sin agua, en una montaña de la Ciudad de Ashland. Ellos nos arreglaron una estufa de leña para que pudiéramos cocinar y para calentarnos, y colgaron colchas como paredes para retener el calor en un área.

La abuela de Bo nos mandó unos pollos de su congelador que ella misma había matado y desplumado. Ella envió una caja de la asistencia social con una caja de arroz, atún, fideos y condimentos.

Recuerda, que yo había sido criada en una buena colonia, había cocinado un poco en nuestra cocina, sabía cómo seguir una receta. Pero no sabía cómo prender fuego, no sabía cómo cortar un pollo. No sabía cómo hacer café sin una cafetera. Bueno, Bo tampoco sabía mucho. ¡Digamos que ese arroz con atún hacen la peor combinación! Nosotros nos quedamos en ese frío y triste escondite hasta que el invierno irrumpió. Bo trabajaba en construcción para no tener que reportar impuestos, con su primer cheque, compró una motocicleta para poder ir a trabajar.

Mientras Bo iba a trabajar todos los días, yo me quedaba en esa montaña, experimentando todos los cambios que una mujer embarazada atraviesa. Pero no tenía a nadie que me explicara lo que me estaba sucediendo, no tenía televisión, ni teléfono para conectarme con el mundo. Pudimos conectar la electricidad, así que teníamos radio, luz y un sartén caliente para cocinar.

Bo no estaba listo para tener familia o ninguna responsabilidad. Así como la mayoría de los jóvenes de dieciséis años, él estaba listo para parrandear. Aunque estábamos "dados a la fuga", él se volvió más y más atrevido para estar en público y menos interesado en estar escondiéndose en un asqueroso camper con una niña embarazada que no tenía acceso a una regadera ni maquillaje.

Un día, unas tres semanas después de haber comenzado a trabajar, Bo dijo: «Voy a ir a por unas hamburguesas». Yo solo había bajado de la montaña una o dos veces desde que habíamos regresado al área de Nashville. Así que estaba lista para salir de ahí, inmediatamente brinqué lista para ir con él, pero Bo me dijo: «No, tú quédate aquí, ahorita regreso».

Mi corazón quería mantener la esperanza de que él se preocupaba por mí y que él regresaría. Yo me mantuve ocupada durante unos días esperando que regresara con su excusa o razones por las que le había llevado tanto tiempo regresar. Yo hubiera creído cualquier cosa.

Esperé una semana entera antes de salir de esa montaña para buscarlo. Se me había terminado la comida y el agua potable y no había hablado con nadie en demasiado tiempo.

Después de caminar todo un día, encontré civilización. Fui a la casa de su hermana porque era la más cercana. Me preocupaba que Bo hubiera sido aprendido y puesto de nuevo en la cárcel.

En cambio, lo encontré comiendo un sándwich de mantequilla de maní y sentado en el sofá de su hermana. Me quedé sin palabras y atarantada. Le pregunté: «¿Dónde has estado? ¿Por qué no has vuelto por mí?».

Nunca se movió del sofá. Él me miró con desinterés y respondió: «¿No lo entiendes? No te quiero cerca».

Sentí como si me hubieran dado un puñetazo en el pecho. Yo había arriesgado mi libertad para sacarlo del centro correccional. Perdí mi trabajo para correr por todo el país. Había arruinado mi relación con mi padre al pedirle dinero prestado y drogarme con él. Había sufrido sola durante semanas en un remolque helado y miserable porque él estaba huyendo, y ahora esto. Salí de allí y me dirigí a la casa de su abuela. Todas mis pertenencias seguían allí desde el día en que había sacado a Bo de la cárcel.

La abuela de Bo, Anne, era todo un personaje. Era conocida por su independencia y, a veces, por su terquedad. Por encima de todo, Anne era una defensora de los caídos y abandonados. Cuando Anne escuchó todo lo que había ocurrido, ella me tomó de vuelta en su casa y dijo: «Entonces, déjalo. No lo necesitas».

La hermana de Bo me aconsejó que fuera a una clínica gratuita para recibir cuidados prenatales. Yo tuve que inscribirme para recibir asistencia social para obtener atención médica para el nacimiento del bebé. Nunca había oído de esta asociación y no tenía idea de cómo funcionaba ese sistema de bienestar. Me registraron para todo. Tenía todo en su lugar para recibir un cheque, queso y cupones de alimentos, también.

Mi ex mejor amiga

Fui a trabajar como mesera en Pizza Hut y como cajera en un puesto de jugos en el centro comercial. Tenía mis dos trabajos y ahorraba mi dinero.

La siguiente vez que vi a Bo fue cuando él fue a visitar a su papá que vivía al lado. Cuando vi el carro que manejaba y a la chica con la que andaba ¡me enfurecí! La chica que ahora era su nueva novia había sido mi mejor amiga en secundaria. Yo estaba embarazada de su bebé y ¡él estaba teniendo sexo con mi ex–mejor amiga!

Poco a poco, Bo comenzó a acercarse a mi vida. Pasaba por el lugar donde yo trabajaba en el centro comercial a pedir un licuado para mezclar su vodka. Venía a la casa de su abuela y hablaba conmigo.

En poco tiempo, estaba haciendo algo más que hablar. Comenzó a darse cuenta de que podía "tener su pastel y comerlo también". Bo me aseguró que esa chica no significaba nada para él. De hecho, la había convencido de trabajar en un "salón de masajes" en la ciudad.

Entonces, mientras ella hacía trucos en este salón de masajes, él estaba en los bares, bebiendo y pasándola muy bien. Él continuamente venía mientras ella estaba "trabajando", y tenía relaciones sexuales conmigo. Yo estaba tan desesperada por tenerlo de vuelta que me convencí de que este era solo el primer paso para atraerlo de regreso.

Yo estaba pensando en volver a Hendersonville. Entonces, busqué y encontré un apartamento que podía pagar con el dinero que había ahorrado y me mudé. Debido a que Bo todavía tenía la capacidad de envolverme y tenerme en la palma de su mano, terminé permitiéndole a él y a su novia mudarse a mi nuevo apartamento. Adelante y dilo: "¡Qué tonta!".

Pero Bo tenía planes para mí. Cuando su novia estaba cerca, él actuaba de una manera. Cuando ella se iba, él actuaba como si todavía fuéramos algo. Él comenzó a dar pistas sutiles sobre cómo yo podría estar con él de nuevo.

Comenzó diciéndome que era una tontería que tuviera dos trabajos estando embarazada. Me dijo que yo podría ganar más dinero con menos esfuerzo si fuera a trabajar con él. Él tenía un nuevo esquema en mente, y poco a poco, Bo me explicó sus planes.

CAPÍTULO CUATRO

CONFORT SUREÑO

Parecía como un guion de una telenovela, ¡solo que peor! *¿Cómo podría realmente estar pasando por esto?* Este era el pensamiento que pasaba por mi mente cuando salí del auto y atravesaba el estacionamiento.

Era una clara indicación cuando una mujer dejaba su carro estacionado en la sección para "autos" y se paseaba por la larga fila de tráileres en el estacionamiento de la parada de camiones. Por supuesto, el hecho de que estuviera vestida con un spandex negro ajustado que acentuaba cada curva de mi cuerpo de dieciséis años no ayudaba a las cosas.

Esta fue mi primera experiencia como prostituta, así que ensayé las instrucciones detalladas que me habían dado mientras caminaba. Repasé los detalles de lo que debía decir cuando un camionero bajaba la ventanilla y cómo negociar el precio mientras me sentaba en la cabina del camión. En todas sus instrucciones, Bo olvidó explicarme cómo se suponía que debía vivir conmigo misma después de vender mi cuerpo.

Con cada paso, me preparaba emocionalmente, tratando de sofocar el miedo de lo que estaba a punto de hacer. Yo tenía miedo a todo lo relacionado con esta situación. Tenía miedo de ser arrestada por la policía, miedo de tener relaciones sexuales con hombres extraños y miedo de perder a Bo para siempre.

Poco a poco, Bo fue revelando el plan que tenía para mí. Mientras me seducía con la promesa de que sería "su chica" otra vez, me dijo que era lo que él necesitaba que yo hiciera. Él quería que yo "trabajara" con su novia en la parada de camiones de carga.

El me aseguró que ella no significaba nada para él, pero quería que yo le siguiera el juego para poder mantenerla trabajando. Me convencí de que, si jugaba a este juego, podría hacer que me amara de nuevo. Yo quería el romance de ese tipo que me había escrito cartas, queriendo protegerme cuando yo estaba en la casa hogar.

El pensamiento que debió haber sido cristalino, continuamente lo empujaba al fondo de mi mente, *¿Cómo puedes confiar en el amor de un chico que te hace vender tu cuerpo mientras estás embarazada con su hija?*

Por favor, entiende que Bo nunca me obligó a hacer nada. Yo me pude haber quedado en mi trabajo normal, viviendo con su abuela y seguir con mi vida. Como adulta, ahora me doy cuenta de las decisiones que pude haber tomado.

Pero en ese momento, no veía otras opciones y no tenía otras influencias en mi vida que me exhortaran a ver mis responsabilidades. Solo una persona "tenía mi oído".

Si tú estás leyendo esto y te sientes atrapada, te ruego que: ¡pienses en tu futuro y no desperdicies tu vida! Por favor encuentra a una persona responsable que te hable con sabiduría. ¡No tomes decisiones permanentes en situaciones temporales! Pide ayuda fuera del círculo de personas que te están presionando y pídele ayuda a Dios para poder ver la imagen completa.

El primer tráiler al que me subí marcó el inicio de un camino de prostitución, largo y lleno de vergüenza. En la cabina, oscura y llena de humo de un tráiler, empecé a ofrecer mis servicios por el radio.

Mi primer "apodo" en la radio CB (sistema de radio) era "Confort Sureño". Con mi joven y dulce acento sureño, interrumpía las conversaciones de los choferes para presentarme. "Permiso, permiso 1-9. Esta es Confort Sureño llamando para ver quién está interesado en compañía esta noche. Relájate con Confort Sureño en el canal 13". Luego, pasaba el sintonizador al canal 13 y charlaba con los camioneros que estaban interesados, averiguando su ubicación y la descripción de su camión.

Embarazada y prostituyéndome

Lo más triste de toda la situación era que teniendo dieciséis años y estando embarazada, ganaba más que las otras chicas.

A la novia de Bo no le parecía el hecho de que Bo solo tomaba la mitad de mi dinero y se llevaba todo el de ella. Tal vez había una ventaja en ser "la otra mujer" después de todo.

La primera vez que me arrestaron por prostitución fue en la parada de camiones. Me habían advertido que un oficial de policía local patrullaba el lote, y debería estar atenta a las luces de cualquier automóvil cuando caminara en la sección de camiones.

Las primeras veces que lo vi, estaba en la seguridad de un camión. Los camioneros me escondían en sus literas todo el tiempo que fuera necesario. Incluso hice que algunos me advirtieran que el policía estaba circulando, y me subía debajo de los camiones o me escondía detrás de ellos.

Finalmente, mi suerte se agotó, y di vuelta en una esquina y caminé directamente hacia él. Recibí un citatorio y pagué una multa de $65 dólares. Las otras chicas trabajadoras bromeaban diciendo que así era como pagábamos nuestros impuestos.

Me mantuve alejada de las drogas todo el tiempo que estuve embarazada. Cuando Bo y su novia comenzaban a drogarse con cocaína en el apartamento, yo me sentía incómoda. La cocaína hace que las personas actúen realmente paranoicas, y su comportamiento se vuelve errático. Nunca había visto a nadie inyectarse cocaína, y estaba más que un poco desconcertada. En un momento dado, él incluso intentó que me uniera a ellos. Yo me enojé y me negué. Quería que mi bebé naciera sana. Estoy muy agradecida de haberme mantenido firme. Mi hija primogénita realmente vale la pena.

Toda la situación fue construida para el desastre. Yo realmente no hablaba con la novia de Bo. Bo tenía la loca idea de tratar de involucrarnos a los tres juntos, pero eso no iba a suceder.

Yo tenía el único dormitorio ya que era mi apartamento, así que, por lo general, ellos dormían en la sala. Una noche, él la hizo entrar y se subieron a mi cama. No me impresionó cuando trató de jalar mi mano en la oscuridad para unirme a ellos. Yo me quedé de mi lado, ocupándome de mis propios asuntos.

Tres era una multitud, y pronto, su compañera de drogas ganó. Mi panza estaba muy grande como para seguir trabajando de todos modos. Ellos siguieron su propio camino y se mantenían ocupados en la parada de camiones por la noche. Eventualmente, viajaron a Florida con un tipo que les prometió una conexión con buena heroína.

Yo me mudé de nuevo con Anne y comencé a hacer preparativos para el nacimiento de mi bebé. La familia de Bo me sugirió que llamara a mi madre y la incluyera en el nacimiento de mi bebé. Hice la llamada telefónica y trabajé en reparar la relación. Ella pudo estar conmigo en el parto cuando di a luz.

Mi hermosa bebé nació con facciones tan perfectas, como una muñeca de porcelana viva y frágil. La llevé a la casa de

Anne y aprendí a alimentarla en medio de la noche y todas las divertidas aventuras de un bebé recién nacido.

La madre de Bo fue la primera en saber algo de él, y comenzó a contarle sobre su hija y lo hermosa que era. Ella animó a Bo a regresar a Nashville y poner su nombre en el acta de nacimiento como el padre legítimo. Bo regresó de Florida. En el camino de regreso, le dijo a su novia: «ya no te quiero». Cuando regresó a Nashville, actuó como si nunca hubiéramos estado separados.

¿Prostitución de "clase alta"?

¿Te reirías de mí si te dijera que esperaba que las cosas fueran diferentes? En algún lugar de mi mundo imaginario, pensé que tener a su bebé me haría más valiosa. Ahora, tal vez él querría sentar cabeza y que fuéramos una familia.

Unas seis semanas después de que naciera nuestra bebé, Bo me contó sobre su nuevo plan. Yo traté de convencerlo de que no lo hiciera, ofreciéndole volver a mi trabajo como mesera.

Yo quería estar en casa con mi bebé. Quería tener una vida normal. Pero Bo lo tenía todo planeado. Dijo que podíamos hacer que Anne o mi mamá cuidaran a la bebé. Él quería que yo trabajara para un servicio de dama de compañía, trasladando mi prostitución de las paradas de camiones a los hoteles.

El proceso de entrevista para mi primer servicio como dama de compañía fue la experiencia más rara de mi vida. El dueño tenía como requisito una "cita" para poder checar los servicios que yo ofrecería. Yo tuve que mentirle y decir que era soltera y sin novio porque Bo no quería que me descalificaran para obtener el trabajo. Logré pasar el proceso de la entrevista.

En la semana, estaba equipada con un bíper, una máquina para tarjetas de crédito y mi primer trabajo de prostitución de "clase alta". Me conduje en nuestro carro chatarra a hoteles exclusivos, salí con un vestido sexy con un maletín lleno de condones. Fingí que nadie sabía lo que estaba haciendo mientras subía al ascensor.

Mientras yo trabajaba toda la noche y dormía todo el día, Bo disfrutaba los beneficios de mi labor. Él era libre para tomar, tocar guitarra y jugar billar con sus amigos. Él disfrutaba la vida de noche con todas las ventajas, incluyendo el acostarse con quien quiera que estuviera disponible para él.

Yo sabía que Bo andaba con otras mujeres, y no podía hacer nada para impedirlo. Si yo tenía una noche libre y me iba con él al bar, me trataba como si fuera compañía "no deseada".

Una noche mientras bebíamos, comenzamos un juego de "verdad o reto" con otra pareja. Nosotros estábamos en el campo en un remolque abandonado con un litro de whiskey y demasiado tiempo en nuestras manos. La otra chica me desafió a decir la "verdad" comenzando a decirme con qué frecuencia había estado con Bo en las últimas semanas.

Bo se puso muy incómodo porque esperaba que me fuera contra él. Pero, aún en mi estado de embriaguez, sabía que no podría golpearlo. En su lugar, me le eché encima a la chica.

Bo y su amigo estaban tan entretenidos con la pelea que me daban cosas con las que la pudiera golpear. Mientras la sostenía en el suelo y le golpeaba la cara contra la alfombra, toda la rabia, vergüenza y frustración por mi situación las solté sobre ella. Con cada puñetazo estaba golpeando a todas las otras chicas que habían salido con Bo. Estaba golpeando a Bo por usarme y degradarme.

Llevamos a esta chica de regreso a la ciudad con la cara ensangrentada e hinchada. Al día siguiente, su familia llegó al parque de remolques donde nos alojábamos con la madre de Bo y dijo que esta chica iba a necesitar cirugía para reparar sus ojos. Para Bo, yo era el héroe. Él presumía de mí con sus amigos y familiares, recordando cada golpe y reviviendo cada puñetazo. Pero yo no estaba celebrando. Yo me sentía miserable.

Entre la espada y la pared

Al principio, mi madre y mi padrastro eran los que cuidaban a nuestra hija, y se apegaron mucho a ella. Ella vivía con ellos constantemente. Ellos le compraron todo lo que necesitaba y equiparon su casa y negocio con todas las cosas que un nuevo bebé necesita, incluyendo una andadera, sillita para comer, cama, tocador, ropa, etc.

Ellos nunca se quejaron de tenerla con ellos. Si yo iba por ella para llevármela a pasear, mi mamá estaba lista para que ella regresara aun cuando todavía ni me iba.

Pero la familia de Bo comenzó a preocuparse y comenzó a advertirle que mi madre podría tratar de tomar la custodia de la bebé. Él comenzó a sospechar. No ayudaba que desde que Bo se enteró de que mi madre y mi padrastro me habían entregado a la policía cuando estaba dada a la fuga, no había confiado en ellos.

Yo estaba entre la espada y la pared. Se las había llevado y les había pedido ayuda. Ahora, estaba siendo presionada para llevármela lejos de ellos.

La decisión fue tomada por mí después de una loca noche de borrachera. Bo estaba corriendo borracho a ciegas, y yo para allá iba.

Si Bo estaba feliz antes de empezar a tomar, entonces podía ser un borracho feliz. Pero si estaba enojado o molesto cuando empezaba a tomar, él se volvía agresivo y peligroso.

Esta fue una de esas noches, nada de lo que yo hacía estaba bien. Todo lo que decía era estúpido o estaba mal. Mientras salíamos de uno de los bares de mala muerte de la calle Dickerson, él me quería dejar. Él brincó dentro del carro y yo me tiré encima del parabrisas. Tan rápido como un relámpago, se bajó del carro. Él me dio un puñetazo en la cabeza y me aventó al suelo enfrente del carro. Yo me rodé rápidamente para quitarme del camino poco antes de que me pasara por encima.

Yo no sabía que él se había ido a casa de mi mamá demandándole que le diera a la bebé. Eran las dos de la mañana. Mi padrastro trató de hacer a Bo entrar en razón, diciéndole: «Has estado tomando. La bebé está dormida. Ni siquiera tienes una sillita para bebé en el carro. Por favor regresa mañana Bo».

Gracias a Dios, mi padrastro se mantuvo firme y no dejó que Bo se la llevara. Bo se puso violento y le dio un puñetazo a mi padrastro en la nariz. El golpe fue tan fuerte que tumbó a mi padrastro dentro de la casa. Bo tuvo miedo de que le fueran a llamar a la policía así es que se fue inmediatamente.

Llamé a la casa de mi madre desde un teléfono público y le pedí que enviara a mi padrastro a recogerme. Le dije que me estaba escondiendo de Bo debajo de unos vehículos estacionados frente a un negocio. Ella le dijo dónde detenerse y esperarme.

Cuando él llegó, yo estaba tan asustada de que Bo me estuviera viendo desde algún lugar que me hundí en el asiento para esconderme. Al día siguiente, mi mamá y mi padrastro fueron a trabajar, llevando a la bebé con ellos a la tienda. Me dijeron que podía quedarme todo el tiempo que necesitara. Creo que me quedé ahí uno o dos días.

No tenía nada. Todo lo que tenía estaba en la casa de Anne. Así que le llamé para ver cómo conseguir mis cosas, y ella comenzó a decirme que trajera a la bebé y regresara. Ella me convenció de que Bo estaba arrepentido y que necesitábamos resolver las cosas. Yo regresé, y la bebé visitaba a mi madre cada vez menos tiempo.

Aunque mi relación con Bo era inestable, él comenzó a apoyarse en mí y a depender de mí. A su manera, yo creo que él me amaba.

Cuando nuestra hija tenía poco más de un año, me pidió que me casara con él. Me propuso matrimonio en una rodilla, en medio de la pista de baile de una vil discoteca. Tomó el dinero que yo había ganado prostituyéndome la noche anterior y compró un juego de anillos de boda en una casa de empeño.

Era el momento que yo había estado esperando y, sin embargo, carecía de la victoria y la alegría que esperaba que esto trajera. Él quería casarse conmigo, pero todavía quería que vendiera mi cuerpo para ganarme la vida. Él quería casarse conmigo, pero yo no era lo suficientemente valiosa como para que yo fuera suya y únicamente de él.

No hubo un hermoso vestido de novia, ni damas, ni dama de honor, ni padrino. Nos casamos en un juzgado, cenamos en un café y fuimos a un parque a fumar un poco de mariguana. Yo estaba tan drogada que manejé directo hacia un canal. ¡Que inolvidable ocasión!

CAPÍTULO CINCO

LA PRIMERA VEZ QUE MORÍ

Mientras paseaba a un lado de la calle, intentando aparentar indiferencia e inocencia, checaba los carros para ver si la policía estaba por ahí. Movía mis caderas y acomodaba mi cabello mientras buscaba si había interés en alguno de los carros que pasaban.

Nerviosamente, me fumé lo que quedaba de mi cigarro antes de tirar la colilla aun humeando a la calle. "¡Odio esto!" pensé para mis adentros. Mi estómago estaba hecho nudos por los nervios. Pero soporté la ansiedad por la esperanza a la droga que me esperaba. Bo me había prometido que iríamos directo al barrio tan pronto como ganara treinta dólares más.

No estaba acostumbrada a estar en la calle Dickerson. Sólo las chicas que no la hacían en ningún otro lugar terminaban ahí. Ese era el lugar donde terminabas cuando habías tocado fondo. Era ahí donde las chicas que ya nada les importaba terminaban.

Me di cuenta de que ya había cruzado esa línea. Ya no me importaba. No me preocupaba quien me viera ahí. Bueno, si me importaba. Yo lloraba al respecto cuando pensaba que mis hijos me pudieran ver si pasaban por ahí con Anne en el carro. Aunque no supieran que era lo que estaba haciendo en ese momento, algún día crecerían lo suficiente como para saber por qué mamá caminaba por la calle Dickerson.

Lloraba cuando pensaba en que mi mamá o mi padrastro me vieran al pasar por esa calle para hacer un mandado. Yo sabía que mi familia sabía lo que yo hacía, sólo que nadie venía y me decía nada. Nunca nadie me miró a los ojos y me preguntó: "Michelle, ¿estás loca?".

Desde los dieciséis años de edad cuando hui de mi casa, hasta ese punto en mi vida en que caminaba por el lugar más degradante en el que una jovencita podía encontrarse, nadie se incomodó para convencerme de que valía la pena salvarme. Desde el momento en que empecé a subirme a los tráileres para vender mi cuerpo de dieciséis años por cuarenta dólares, mi creencia era fortalecida por una cosa, creía que tenía muy poco o nada de valor.

Incluso cuando había aprendido a "vestirme con encaje y tener estilo," los tacones altos y lencería sexy no ayudaban al quebrantamiento de mi alma. Caminé por los lobbies de los hoteles más finos de Nashville, Tennessee. Subí elevadores de pie junto a gente de prestigio y élite, sólo para tener relaciones con hombres de suficiente edad como para ser mis abuelos por unos cientos de dólares la noche.

No importaba cuánto dinero ganaba, me lo gastaba todo. Mi verdadera adicción a las drogas comenzó después de haber dado a luz a mi primera hija. Tenía diecisiete años. Hasta ese punto sólo había llegado a probar alcohol y mariguana.

Después descubrí la cocaína y comencé a inhalar. Bo pensaba que inhalarla era un "desperdicio de buena droga". Así que, me enseñó a inyectarme y me volví adicta. Nosotros nos inyectábamos cocaína sin parar por días.

Una vez que empezábamos le seguíamos hasta que se nos acababa todo el dinero. Vendimos todo y cualquier cosa que pudiéramos vender para poder seguirnos drogando. Yo pasé dos años de mi vida drogándome día y noche hasta que fallecí. Digo literalmente, fallecí.

Fallecí en un hotel de mala muerte en la calle Dickerson. En ese momento, yo estaba trabajando para un servicio de damas de compañía llamado "Los ángeles de Charlie". El dueño, "Charlie" supo que a Bo y a mí nos gustaba inyectarnos cocaína así que nos usó para conseguirle droga.

Habíamos estado usando cocaína sin parar, 3.5 gramos tras 3.5 gramos. Nunca olvidaré la necesidad que sentía de hablar y checar cómo estaba mi hija. Yo estaba tan drogada que sólo quería seguir hablando. Extrañaba a mi hija. Extrañaba ser parte de su vida. Anne dijo que ella había preguntado por nosotros porque no habíamos parado por ahí en días.

Mientras estaba sentada ahí escuchando a Anne decirme todas las cosas lindas que mi hija había estado haciendo, Bo había puesto suficiente cocaína para los dos en una jeringa. Yo colgué el teléfono justo a tiempo para bombear mi brazo mientras Bo me decía que jalaría la jeringa después de haberme dado mi mitad. Observé como metódicamente él me inyectaba toda su porción en mi brazo por equivocación. Eso es todo lo que recuerdo.

Cuando mis ojos se dieron vuelta atrás y comencé a convulsionarme, él se dio cuenta de lo que había hecho. Charlie desesperadamente tomó su droga y salió corriendo por la puerta de atrás, dejando a Bo lidiar con mi cuerpo sin vida sobre la cama de ese cuarto de hotel.

Bo no sabía dar RCP (resucitación cardiopulmonar), pero sabía que mi corazón necesitaba volver a latir. Él me arrastró a la bañera del baño del hotel y me apoyo contra la pared mientras abría el agua fría. Él tomó su puño y comenzó a golpearme el pecho tan fuerte como podía. Después de un rato, comencé a respirar de nuevo.

No recuperé la conciencia durante algún tiempo. Pasó más de una hora antes de que pudiera hablar. Cuando finalmente llegué al punto en que podía hablar, recuerdo que estaba en la cama de la habitación del hotel, empapada y entumecida. Bo se paró sobre mí, haciendo preguntas como: «¿Cuál es tu nombre?». Pero yo no podía pensar en mi nombre, y no podía recordar su nombre o dónde estaba. Bo me llevó a dar un paseo para tomar aire fresco hasta que comencé a recuperar la memoria. La primera frase coherente que pude reunir fue para pedir otra inyección de cocaína.

CAPÍTULO SEIS

UN COMA EMOCIONAL

Esa noche fue una llamada de atención. Bo se había asustado más con mi sobredosis que yo, y dejamos de drogarnos por mucho tiempo.

Él me dejó tomarme un descanso de la prostitución, y pusimos un anuncio en las páginas amarillas para abrir una cerrajería. El padre de Bo había sido dueño de un negocio de cerrajería local durante muchos años, pero debido a su constante consumo de alcohol, el negocio había fracasado. Durante ese tiempo, Bo había aprendido los trucos del oficio de su padre y sabía cómo abrir cerraduras, abrir autos cerrados y hacer llaves para la mayoría de los vehículos. Empezamos el negocio por nosotros mismos.

Volvimos a empezar a tomar y fumar mariguana como entretenimiento social. Unos meses después, salí embarazada de nuestro hijo. Teníamos una vida medio normal. Rentábamos una casa doble y tratamos de ser una familia. Nos reuníamos con amigos y tocábamos nuestras guitarras, bebiendo cerveza y cantando canciones country. Pero nunca hubo noches de citas o noches en casa solo entre nosotros. Él tenía que estar siempre activo, jugando al póquer, reuniéndose con sus amigos para beber o jugando al billar en el bar.

Aun seguían, los esquemas de estafador. Bo siempre estaba buscando alguna manera de hacerse rico sin trabajar. Compraba artículos robados y los revendía. El dinero nunca se volvía a poner en el negocio. Nunca tuvimos una cuenta de cheques o de ahorros, y las cuentas no se pagaban regularmente.

Algunos de nuestros amigos estaban ganando dinero robando y revendiendo los artículos robados, así que yo probé hacerlo también. Robaba artículos específicos como juegos de sábanas, teléfonos o jeans caros porque la gente nos daba órdenes de las cosas que querían. Después de ser arrestada por robar un teléfono, decidí que no valía la pena.

Di a luz a nuestro hijo en mayo de 1989. Bo estaba allí con una cámara y sostuvo a su hijo. Él estaba muy orgulloso de tener a alguien que "llevara el apellido". Al día siguiente, llevó a nuestra hija al hospital para conocer a su hermanito. Me trajo un cigarro de mariguana, y yo me escabullí hasta el piso inferior y me drogué detrás del hospital.

Nuestras vidas se asentaron en un ritmo de beber y ganar suficiente dinero para mantener la renta pagada hasta el día en que Anne limpió su caja fuerte. Déjame explicarte. El año antes de haberme mudado, el esposo de Anne había muerto de cáncer. Anne había escondido sus medicamentos en su caja fuerte todos esos años. Yo creo que ella quería ayudarnos dándonos una botella de Dilaudid porque sabía que se podían vender por un alto precio en las calles. Pero esto provocó un nuevo nivel de adicción a las drogas.

Un ciclo vicioso

Dilaudid es un analgésico altamente adictivo utilizado para ayudar a personas a atravesar los últimos meses de una enfermedad terminal. En Nashville, era la segunda droga en demanda después de la cocaína. Las personas que querían drogarse de manera similar a la heroína podían comprar media píldora por treinta dólares o una píldora entera por cincuenta y estar drogados todo el día.

Pero tomarse una de estas pastillas era desperdiciar una buena drogada. Para que valiera la pena tú dinero, tenías que inyectártela. Esto nos llevó de vuelta a la aguja. Vendimos algunas de las pastillas, y terminamos comprando cocaína para mezclarla con la pastilla y crear una combinación de drogas. Para cuando se nos terminaron las pastillas del frasco, ya habíamos desarrollado una nueva adicción.

Para conseguir más pastillas, teníamos que ir a los barrios y comprar de los traficantes de drogas que estaban en las esquinas. Cada día se convirtió en un círculo vicioso. Pasábamos toda la mañana buscando los primeros cincuenta dólares para conseguir la primera drogada del día. Corríamos como locos a los barrios en busca de alguien que tuviera una píldora.

Había veces que la presencia de la policía en los barrios era muy fuerte, así que yo dejaba a Bo a unas cuadras de ahí y él se iba caminando y nos encontrábamos en un estacionamiento cercano. Aunque sabíamos que la policía nos quitaría el carro si nos encontraba con droga, pedíamos carros prestados a su familia y amigos para hacer nuestro "pequeño mandado". Pero ellos nunca supieron a donde íbamos.

Si ganábamos más dinero durante la noche, nos volvíamos a drogar. Al día siguiente volvíamos a iniciar el círculo vicioso, buscando la primera droga de la mañana.

Descubrí que en la drogadicción nada importa más que la siguiente drogada. La razón por la que odiaba la cocaína era porque nunca era suficiente. No importa la cantidad que hayas usado, nunca estás satisfecho.

Con la cocaína vendes todo, cualquier cosa que cae en tus manos para poder conseguir una inyección más. Pero con el Dilaudid te relajas y te calmas por algunas horas, te rascas la cara y asientes.

Durante este tiempo, comenzamos a "jugar a los médicos". Supimos por nuestros amigos dónde podíamos ir a obtener algunas recetas de Valium, Ativan y Tylenol 4 con codeína. Lo que no nos tomábamos, lo vendíamos.

Entre las pastillas que nos tomábamos, la cocaína y el Dilaudid que nos inyectábamos, y la mariguana que nos fumábamos, podrás adivinar a donde se iba nuestro dinero. Mi mente era una neblina de confusión, y mi vida un desastre. Estando drogados con cocaína, fuimos a los barrios para conseguir un poco más con veinte dólares. Un grupo de traficantes de drogas rodearon el carro, tratando de hacer una venta. Mientras uno de ellos ponía la droga en la mano de Bo, otro tomó nuestro dinero. El tipo con nuestro dinero salió corriendo, pero el traficante que nos había dado la droga quería su pago.

Bo entró en pánico y pisó el acelerador, todavía aferrándose a las drogas. El traficante saltó por la ventana mientras nuestro carro avanzaba. Él golpeaba repetidamente a Bo en la cabeza y luchaba con Bo mientras el auto aceleraba por la calle.

Mientras subíamos una colina, vimos dos autos de policía estacionados a un lado de la calle. Como sabíamos que la policía nos perseguiría y no sabíamos cómo detener el ataque del narcotraficante, nos detuvimos. El traficante escapó al bosque, y nos dejó allí para explicar lo que acababa de suceder.

En mi bolsa había dos bolsas grandes de lo que parecía hierba. Era mariguana de verdad. Simplemente no drogaría al fumador promedio de mariguana. Bo la llamaba mariguana de porquería y se la vendía a traileros que no sospechaban nada. La policía registró el carro y terminamos en la parte de atrás de la patrulla, y ahí quedó la drogada de cocaína de esa noche.

Incómodamente entumecida

Pronto, volví a otro servicio como dama de compañía para poder suplir nuestros hábitos y poder tratar de mantener un techo sobre nuestra cabeza. Anne ahora cuidaba a los dos niños. Bo continuó respondiendo a las llamadas de cerrajería que entraban.

Nos mudábamos de un lugar a otro, algunas veces vivimos en moteles. Otras veces dormíamos en el sillón de otras personas. Rentamos algunas casas infestadas de ratas y algunas casas rodantes durante ese tiempo, pero nunca nos quedamos en un lugar por mucho tiempo.

Una noche, recibí un mensaje de la oficina de damas de compañía donde estaba trabajando, diciéndome que llamara a cierto número. Dijeron que Bo había llamado diciendo que le habían disparado. Yo llamé de inmediato. Bo respondió borracho y diciendo incoherencias. No me decía dónde estaba ni qué había pasado. Simplemente dijo: «Te veo en la casa. Me han disparado». Yo me fui a la casa y esperé.

Él se apareció alrededor de las once del día siguiente. Para entonces, yo estaba desesperada. Efectivamente, le habían disparado dos veces. Una bala le había atravesado la piel por su costado. La otra bala, dijo que él mismo se la había sacado.

Él no me decía donde había estado o que había hecho para que le dispararan. Estaba vendado con gasas pero no había ido al hospital. Nunca supe qué fue lo que pasó.

Al día siguiente él recibió una llamada para cambiar todas las cerraduras de una casa enorme. Recuerdo que él perdió mucha sangre mientras trabajó en esa casa, cuando nos pagaron por ese trabajo, yo estaba asombrada al ver el nombre en el cheque. Nosotros acabábamos de cambiar las cerraduras de la casa de una estrella famosa de música country mientras Bo sangraba por la herida de bala.

En ese momento, mi corazón se estaba volviendo más frío y más duro hacia Bo. Me sentía entumecida por el dolor. Nos habíamos peleado muchas veces, y yo había intentado dejarlo varias veces. Pero tenía demasiado miedo de irme de la ciudad. Él me amenazaba con que nunca volvería a ver a mis hijos y juró matarme si yo encontraba a otro hombre.

Una vez que lo había logrado dejar, me encontró en el motel que había rentado por una semana. Yo había tomado un puñado de Valium mientras él entraba por la puerta porque sabía que los problemas estaban a punto de comenzar. Él me habló con una voz engañosamente dulce mientras miraba a través de la habitación para ver lo que había estado haciendo y si estaba viviendo allí sola.

Yo estaba tranquila, muy tranquila, y lo dejé hablar. Mi voz interior seguía entrenándome, diciendo: *Mantén la calma y él no te golpeará. No le des ninguna razón para enojarse.*

Él encontró un cuchillo junto a la barra, un cuchillo de cocina nuevo que estaba muy afilado. Él agarró el cuchillo mientras me empujaba contra la pared, asfixiándome. Colocó el borde de la cuchilla contra mi cara y hablando con los dientes apretados, amenazando con matarme.

Estaba tan entumecida por el Valium y la miseria de mi vida que respondí: "No me importa. Realmente ya no me importa". Lo miré a los ojos sin emoción. Esta fue la primera vez que no intenté defenderme. Esta fue la primera vez que no tenía una mirada de terror crudo en mis ojos o que no le rogaba que se detuviera. En realidad, estaba demasiado relajada por el Valium como para levantar los brazos y defenderme.

Él dejó caer el cuchillo cuando la sangre comenzó a brotar de la cortada de una pulgada de largo en mi mejilla izquierda. Aunque el corte necesitaba haber sido cerrado con puntadas, simplemente me puse un curita y me volví a sentar.

De repente, él estaba arrepentido. Comenzó a disculparse, pidiéndome que volviera con él. Solo dije: "como quieras". Había tocado fondo. Algo en mí se había roto. Realmente no me importaba.

CAPÍTULO SIETE

VERGÜENZA INDESCRIPTIBLE

Salí embarazada de nuevo. Esta vez no estaba segura de quién era el padre del bebé. Había sido presionada varias veces por diferentes hombres para tener relaciones sexuales sin condón. Si el precio era correcto o si me ofrecían drogas como incentivo, yo cedía. Además, los condones no siempre eran efectivos, y más de uno se había roto. Mi drogadicción había interferido con mis píldoras anticonceptivas, y ahora estaba embarazada.

Encontré una clínica de aborto y programé una cita. Yo no le conté a Bo acerca de mi incertidumbre, y él no me preguntó por qué quería un aborto. Solo le dije que no podríamos con otro bebé en ese momento porque ni siquiera estábamos criando a los hijos que teníamos. A él no le importaba.

El día del procedimiento, salimos de un motel barato de alquiler semanal. Yo estaba enojada conmigo misma por ser una mujer tan débil. La única forma en que podía lidiar con mi culpa y vergüenza era convirtiéndola en ira. Yo le respondí bruscamente, sabiendo que, en cualquier momento, podría abofetearme la cara, pero no me importó.

Él me llevó a la clínica que estaba ubicada a pocas cuadras de distancia en un parque industrial. Había muy pocos letreros en el edificio de bloques de cemento blanco para anunciar lo que realmente sucedía allí. Él me dejó en la clínica de abortos como si me estuviera dejando en el centro comercial sin hacer ningún intento de consolarme. No me preguntó si iba a estar bien o si podía hacerlo sola. Simplemente me dejó y me dijo que lo llamara a la casa de Anne cuando terminara. Yo seguía recordándome a mí misma que no me importaba. Pensar que tenía que hacer esto sola, simplemente alimentó más mi ira.

Llené el papeleo y me senté durante unos minutos en la sala de espera. Una mujer, vestida con ropa quirúrgica y una bata de laboratorio blanca, me llevó a una habitación y me entregó un Valium. Casi me río en su cara. ¡Un Valium no me iba a ayudar!

Yo pensé por dentro, *Solo un Valium, ¿Estás bromeando?* Me tomaría mucho más que eso escapar de la realidad de lo que estaba haciendo. Yo quería ponerme una aguja en el brazo y hacer que todo esto desapareciera. Podría aplastar esa pequeña píldora de cincuenta dólares, mezclarla con agua tibia en la jeringa y dejar atrás toda la vergüenza, la humillación y la degradación. Después de una inyección, podría enfrentarme al mundo. Pero en ese momento, todo lo que tenía era un pequeño Valium.

Me consolé con el hecho de que acababa de surtir la receta de Ativan que obtuve del médico, y esta vez no los estaba vendiendo. Planeaba usarlos *todos*, para mantenerme entumecida y liberarme de la realidad durante el mayor tiempo posible. Junto con la gran bolsa de mariguana (y mis planes de conseguir un Dilaudid), sentí que podía escapar del dolor. Esta consciente preparación era la evidencia de que sabía que esta iba a ser la peor decisión que había tomado.

Tomé el Valium y lo mastiqué para que entrara rápidamente en mi torrente sanguíneo. La mujer me entregó una bata de papel y me llevó a una habitación sin hacer ningún contacto visual o interacción verbal. Me puse la bata de papel y me acosté en la mesa fría, temblando y esperando.

Mis emociones entraron en un estado de coma. *Nada importa*, me dije. Así era como había lidiado con cada mala decisión que había tomado. Un coma emocional se convirtió en mi escape cuando hui de casa, cuando fui abandonada en la montaña y cuando prostituía mi cuerpo.

Los días de ver a alguien más criar a mis hijos solo podían soportarse entrando en mi coma emocional. Me impidió sentir la humillación de tener relaciones sexuales con hombres que no conocía por un puñado de dinero que me gastaría en drogas. Este coma emocional vino a mi rescate de nuevo cuando un médico indiferente y sin expresión facial entró en la habitación, y yo coloqué mis pies en los estribos. Desde el momento en que el médico entró en la habitación hasta el momento en que se fue de ahí fueron menos de cinco minutos.

Sentí al bebé cuando salió de mi cuerpo. El médico sacó al bebé sin vida a través de lo que debió haber sido un canal de parto. En cambio, fue un canal de muerte.

En ese momento, me di cuenta de que había matado a mi hijo por nacer, y estaba tan avergonzada. De repente me di cuenta de que no era solo un feto o una mancha de tejido; era mi tercer hijo. Aunque no vi a mi bebé, lo sabía.

Nunca he olvidado ese momento, ni he olvidado ese sentimiento de arrepentimiento. No había botón para regresar atrás para revertir ese momento. Me di cuenta demasiado tarde de que algunas decisiones no se pueden cambiar.

No había nadie a quien acudir y decir: "¡qué he hecho!" Aunque a los nacimientos de mis otros hijos asistieron toda la familia, la muerte de mi tercer hijo fue un evento solitario.

El médico salió de la habitación con tanta indiferencia como cuando había entrado unos minutos antes. Me quedé sola y vacía. Me sentí más inútil de lo que me había sentido en toda mi vida.

Lloré lágrimas de arrepentimiento y las limpié de mis ojos. Me vestí con mis jeans y sudadera y me miré en el espejo sobre el pequeño lavabo del baño. No había maquillaje para ocultar mi vacío y autodesprecio. Me odiaba más que nunca en ese momento.

Me senté en la sala de espera durante el tiempo necesario para asegurarme de que el sangrado no fuera excesivo. Llamé a Bo para que viniera a recogerme. Cuando él llegó, ya estaba drogado. Nunca me preguntó cómo estaba. Simplemente me entregó un cigarro de mariguana y luego me llevó a la casa de su madre en el oeste de Tennessee. Yo me tomé un puñado de Ativans. Solo quería escapar de la culpa y la vergüenza.

Su madre tenía un pequeño remolque en un terreno grande en el medio del campo. No le contamos acerca del aborto. Bo simplemente actuó como si hubiéramos venido para quedarnos por un tiempo. Yo estaba deprimida y no quería estar allí para nada.

La vida en el campo no duró mucho. Nos quedamos sin mariguana y las pastillas que habíamos llevado con nosotros. Yo me enojé y me fui con los niños en uno de los autos que habíamos tomado. Estaba a mitad de camino de regreso a Nashville cuando el indicador de combustible comenzó a aparecer vacío. Me detuve y llamé a la madre de Bo. Ella dijo que él venía justo detrás de mí. Él nos alcanzó, puso gasolina al auto y regresamos juntos a Nashville.

Yo comencé a vivir mi vida con un propósito determinado. Estaba decidida a que nunca estaría sobria otro día en mi vida. Me drogaba con un instinto de supervivencia porque estar un día sobria no era una opción.

Me convertí en un muerto viviente. Caminaba cada día, sin vida por dentro. Si no podía drogarme, me emborrachaba, ¡y ni siquiera me gustaba beber! Pero era mejor que estar lo suficientemente sobria como para sentir mi vergüenza, arrepentimiento y amargo odio a mí misma. Si no podía emborracharme, bebía una botella entera de Nyquil.

A veces, tenía que robar el Nyquil porque estaba muy desesperada por olvidar el dolor.

Las semanas faltantes

En uno de los momentos más bajos y tumultuosos de mi vida, me tomé otro frasco de pastillas. Esta vez casi lograba suicidarme. Sucedió durante un momento en que estaba aprendiendo a inyectarme cocaína sin la ayuda de Bo. Un día, me aventuré sola hacia los barrios y compré un poco de cocaína que tenía alucinógenos mezclados con ella, o me inyecté una dosis más fuerte de lo que debía haber tomado.

Había localizado una tienda de conveniencia que tenía un baño ubicado en el exterior del edificio, del tipo que se podía cerrar desde adentro. Mezclé mis drogas a toda prisa y encontré una vena. La ráfaga inmediata comenzó como de costumbre, pero pronto se convirtió en algo más de lo que esperaba. Volví al auto, con la cocaína corriendo por mis venas con toda su fuerza y ganando impulso.

Comencé a alucinar mientras conducía, y estaba muy paranoica. Estaba conduciendo nuestra vieja camioneta y pensé que Bo y uno de sus amigos estaban en el techo de la camioneta, jugándome una mala broma. Yo detenía constantemente la camioneta en medio de la calle, saliendo y corriendo alrededor de la camioneta gritándole que me dejara en paz. Estaba aterrorizada de que él me sorprendiera consumiendo drogas sin él. Al mismo tiempo, estaba enojada con él porque me había estado enviando a "trabajar" a un servicio de dama de compañía y drogándose mientras yo no estaba.

De cualquier manera, las drogas contaminadas mezcladas con mi miedo a él y la ira hacia él hicieron una mezcla volátil. Cuando llegué al apartamento donde vivíamos, yo estaba convencida de que él estaba en el techo de la camioneta. Podía oírlo reírse de mí y burlarse de mí. Veía seres que parecían extraterrestres, apoyados en el techo, mirando por las ventanas, burlándose de mí. Yo asumí que en realidad eran Bo y su amigo, vestidos con disfraces siguiéndome.

Mi rabia se desbordó cuando me detuve en el estacionamiento, y me estrellé contra su vehículo, un hermoso convertible Spyder azul rey. Yo no había terminado. Retrocedí la camioneta y aceleré, estrellándome contra su auto una y otra vez.

No sé si estacioné la camioneta o no. Recuerdo que entré en el apartamento para encontrarlo sentado en el sofá. Ahora, yo estaba realmente asustada. Pero no tenía ni idea de lo que pasaba por mi mente. Fui directamente al baño, a tomar un bote de medicamento Ativans llena con noventa pastillas del mostrador de tocador. Yo me tomé las noventa pastillas y salí a la sala. Le aventé la botella vacía y corrí.

Corrí a un terreno lleno de árboles para escapar y tuve que arrastrarme sobre mis manos y rodillas debajo de arbustos y a través de matorrales gruesos. Estaba aterrorizada de que él me fuera a atrapar. No recuerdo nada más allá de arrastrarme por la espesa maleza. Ese fue el último recuerdo claro que tuve durante las siguientes semanas.

Me dijeron que alguien me encontró desmayada en su entrada y llamó al 9-1-1. Una ambulancia me llevó a la sala de emergencias, donde el equipo médico bombeó mi estómago. Bo me encontró en la sala de emergencias y me sacó de contrabando porque sabía que me admitirían en un centro psiquiátrico. Una gran parte de las pastillas del medicamento se habían absorbido en mi sistema, y me volví violenta e histérica, luchando y exigiendo que Bo me dejara ir.

Él me dejó salir del auto y yo seguí mi propio camino. Solo recuerdo pedazos de las siguientes tres semanas. Recuerdo haber caminado un largo camino en la oscuridad, convencida de que podía ver a Bo siguiéndome. Terminé siendo utilizada por otro padrote que nos estaba haciendo a mí y a otra chica robar a los clientes. Este tipo me mantuvo drogada y me escondió en un miserable agujero para ratas de motel llamado Town Court.

La noticia le llegó a Bo, y él vino a buscarme. Vino con su pistola y me arrastró fuera de allí. Uno de los primeros recuerdos que tuve desde la noche en que tuve una sobredosis fue el de Bo pateando la puerta con su pistola en la mano. Se acercó a donde yo estaba acurrucada en la esquina y me preguntó: «¿Estás lista para volver a casa?».

Toda la familia se había preocupado por mi desaparición, incluyendo Bo. Ellos se alegraron de que él me hubiera encontrado. No hablamos mucho sobre la noche que destruí su auto. Él solo compartió los detalles de las partes que yo no podía recordar, pero nunca le dije que yo me había estado drogando en secreto esa noche.

Atrapada

Yo aun, estaba silenciosamente furiosa por el disparo y sus actividades secretas. Yo sabía que sucedían más cosas mientras yo trabajaba de lo que en realidad conocía. Cuando yo trabajaba, él tomaba todo mi dinero para usarlo en drogas. Pero él se estaba drogando sin mí, y yo no estaba recibiendo nada de eso. Cuando comencé a atar cabos, yo expresé mi opinión.

Él nunca lo admitió. Pero nunca negó mis sospechas. Entonces, yo lo confronté: «No es justo que estés haciendo estafas o robando lo que sea que estés robando, y no me des nada del dinero o las drogas. ¡Pero tomas mi dinero y te lo gastas como quieres!».

Su respuesta fue: «Bien, súbete al auto». Él había estado pasando el rato y drogándose con un tipo llamado Allen, que estaba afuera en la entrada, esperando a Bo.

Cuando salimos y subimos al auto, Allen siguió las instrucciones que Bo le dio. Terminamos en una tienda de conveniencia. Bo salió del lado del pasajero y me indicó que saliera del asiento trasero. Yo todavía estaba haciendo pucheros y tenía los brazos cruzados mientras él me decía qué hacer.

Yo pensé, *¡esto no era lo que quería decir! ¡Yo quería decir que él debería compartir conmigo lo que obtenía, no obligarme a hacerlo con él!* Yo no quería robar una tienda.

Entramos juntos, y yo me quedé allí mirándolo. Él caminó hacia los refrigeradores de cerveza, tomó un paquete de doce cervezas y fue al mostrador. Él miró hacia abajo y vio a un Doberman detrás del mostrador al lado del cajero y salió de la tienda.

Nosotros regresamos al auto y él le dijo a Allen a qué tienda ir a continuación. Terminamos en una gasolinera más cercana a los barrios. Yo me quedé en el auto esta vez. Bo se acercó al mostrador, fingiendo tener un arma en el bolsillo, y exigió que le dieran el contenido de la caja registradora. Él salió corriendo con menos de veinte dólares.

Nos dirigimos a los barrios por droga. En el camino, robó otra gasolinera. Terminamos con menos de cincuenta dólares. Esto no era lo que yo quería. ¡Yo no quería que él robara gasolineras, y no quería que ninguno de los dos fuera a la cárcel!

Nos detuvieron a dos cuadras de los barrios. La policía nos sacó del auto y nos esposó. Bo fue acusado de los robos. A Allen le ofrecieron un trato por testificar contra nosotros, el cual él tomó. El fiscal me acusó de dos cargos de intento de robo a mano armada, pero yo fui liberada sin fianza.

Por supuesto, Bo fue acusado de los robos, y su fianza era alta. Aunque su familia quería pagar su fianza, no tenían suficiente efectivo disponible. Bo me pidió que volviera a las calles a prostituirme hasta que pudiera obtener suficiente dinero para pagar su fianza.

Eso me tomó un tiempo porque yo estaba usando parte del dinero para drogarme. Él continuaba llamando a la casa de su abuela desde la cárcel, preguntando por qué me estaba tardando tanto tiempo para reunir el dinero. Finalmente tuve lo suficiente, y él fue liberado bajo fianza hasta nuestra fecha en la corte.

Nosotros tomamos un autobús hasta el oeste de Tennessee, donde su madre todavía vivía. Él estaba planeando que escapáramos a Canadá, una decisión que significaría la separación de mis hijos para siempre. Yo tendría que asumir una nueva identidad y vivir como si mis hijos nunca hubieran existido. Lloré lágrimas amargas mientras viajábamos hacia Jackson.

CAPÍTULO OCHO

ABANDONADA

¿He mencionado el hecho de que yo amaba a Bo? A pesar de lo mal que estaba, a su manera enfermiza y torcida, me amaba. A mi manera enfermiza y torcida, yo también lo amaba.

Mi madre más tarde me dijo: «Michelle, yo sabía que eras tan adicta a las drogas como a Bo. Sabía que nunca te detendrías con él». Ella tenía razón. Yo no podía vivir con él, y no podía vivir sin él. Al igual que cientos de mujeres que son golpeadas y maltratadas, sin embargo, se quedan con el que las lastima, yo estaba convencida de que no podría vivir sin él.

Me sentí aliviada cuando Bo renunció a la idea de huir a Canadá. Me sorprendí cuando él comenzó a prepararse para cumplir con su sentencia. Nuestro tiempo en el campo fue lo suficientemente largo como para que Bo pusiera algunas cosas en perspectiva. Él decidió regresar y enfrentar su sentencia.

Cuando él regresó, habló con los fiscales para negociar con la fiscalía para que retirarán mis cargos. Si él lo hacía así, yo sería libre, y él serviría de ocho a diez años en la penitenciaría estatal. Yo no estaba segura de qué pensar.

Durante el tiempo que estuvimos esperando la sentencia, seguíamos peleando. Él estaba listo para este gran cambio. Quería que yo consiguiera un trabajo normal después de que él entrara y dejara de consumir drogas. Él quería que yo viviera con su abuela y criara a nuestros hijos.

Todas estas cosas eran exactamente lo que había esperado escuchar seis o siete años atrás. Pero, después de años de vender mi alma, yo no pensé que podría volver a ser normal. Después de años de medicar mi vergüenza con una jeringa, no sabía si podía escapar.

Por supuesto, él todavía quería que "trabajara" en ese momento porque necesitábamos dinero para el abogado. Después de salir del trabajo como dama de compañía, comencé a pasar por el bar donde un tipo que tenía cocaína me vendía. Yo iba después de horas cuando el bar estaba cerrado, pero el tipo era el dueño y vivía en la parte de atrás. Yo estaba paranoica de que Bo me atrapara, pero mi necesidad de la aguja me llevó a hacerlo. Después de unas horas allí, yo tomaba un taxi de regreso a la casa de la abuela de Bo, donde vivimos hasta el día de nuestro juicio.

Después de un desacuerdo, no regresé durante unos cuatro días. Trabajé en el servicio por la noche y fui a diferentes lugares durante el día. Su madre llamó al servicio de damas de compañía con un mensaje urgente de que la llamara. Yo llamé para averiguar qué quería.

Ella me rogó que volviera con Bo. Ella me dijo que él me amaba y que lamentaba la forma en que nuestras vidas habían sido. Ella dijo que él era un desastre sin mí y que realmente me necesitaba. Esas eran todas las cosas que quería oír decir a él, no a su madre. Esperé hasta el día siguiente. Pero volví.

Su actitud era diferente. Yo dejé de trabajar y me quedé con los niños y el resto de la familia mientras esperábamos para comparecer en la corte.

Nuestra cita en la corte estaba programada para un lunes por la mañana. Bo le prometió a Anne que iría a la iglesia con ella el domingo. Ese domingo por la mañana, Anne tomó a los niños y fue a la iglesia como lo hacía todos los domingos. Bo se despertó tarde y se apresuró para alistarse. Aunque ellos ya se habían ido, Bo cumplió su palabra y siguió a Anne a la iglesia, llegando después de que el servicio ya había comenzado.

Me sorprendió que realmente fuera. Él trató de convencerme de que yo también tenía que ir. ¡Yo le dije que estaba loco! Le di todas las excusas de que las paredes se derrumbarían y que rayos caerían en el edificio. Yo no fui. Me quedé en la casa sola.

Cuando todos llegaron emocionados a la casa después de la iglesia, estaban contentos y felices. Los niños saltaban arriba y abajo, y Anne sonreía de oreja a oreja. Incluso Bo estaba extrañamente feliz para ser alguien que se enfrentaba a diez años de prisión. Anne me dijo que Bo se había hecho salvo. Yo no estaba segura de lo que eso significaba, así que me explicaron que Bo había ido para que el pastor orara por él y él le había pedido a Jesús que lo salvara. Aun así no sabía por qué eso era tan importante.

Un hombre de la iglesia que había orado con Bo en el altar ese día le había dado a Bo un casete con algo de música cristiana. Bo realmente lo disfrutaba y lo escuchaba durante todo el día. Él me pidió que le leyera la Biblia ya que él no podía leer muy bien. Yo rodé mis ojos pero empecé a leer. No me impresionaban todas estas cosas de la Biblia y las canciones de la iglesia.

El día de la sentencia

Al día siguiente, nos enfrentamos a las consecuencias. Cuando entramos en el juzgado, todos estábamos hechos un manojo de nervios. Toda la familia estaba de pie en el pasillo, esperando nuestro lugar en el expediente, cuando uno de los amigos de Bo vino caminando hacia nosotros. Yo pensé que era muy lindo que él viniera a mostrarnos ese apoyo.

Yo me di la vuelta para decirle algo a Anne. Cuando me voltee, ¡Bo y su amigo habían desaparecido! Quince minutos después, Bo regresó. Él dijo que ellos habían ido al baño. En realidad, habían ido a un baño en otro piso, porque su amigo quería "ayudarlo". Ninguno de nosotros sabía que su amigo le había colocado un parche de morfina en su costado.

El parche de morfina era del tamaño de un pedazo de papel de cuaderno y funcionaba como lo hace un parche de nicotina. Era algo experimental, siendo utilizado en pacientes con cáncer en sus últimas etapas de enfermedad. Su amigo pensó que probablemente llevarían a Bo bajo custodia, y este parche lo mantendría drogado durante los primeros días en que era procesado. El parche tenía suficiente morfina para ser liberada durante tres días.

Ellos sentenciaron a Bo y aceptaron el acuerdo de culpabilidad. El juez anunció que él tenía varios días para poner sus asuntos en orden ya que estaba en libertad bajo fianza. Nosotros salimos de la sala del tribunal, aliviados de que tuviéramos unos días más antes de que tuviera que presentarse para ser admitido.

Cuando nos fuimos, Bo estaba empezando a sentir los efectos de la morfina. Todavía no me había contado al respecto. Él me contó su secreto esa noche mientras asentía con la cabeza a mitad de la oración, sin poder permanecer despierto.

La única droga que yo había consumido durante semanas era mariguana. Bo me ofreció cortar el parche por la mitad y ponerme una mitad. Yo traté de convencerlo de que se lo quitara y me dejara usarlo durante unas horas. Pero él quería mantenerse drogado como estaba. Entonces, cortó la mitad del parche y me dio la mitad.

Yo nunca sentí nada. Esperé la mínima sensación, pero no había nada. Finalmente decidí que podía ir al día siguiente y conseguir algo para mí, ya que era demasiado tarde para hacer algo esa noche.

Entonces, Bo disfrutaba de la música cristiana y me hizo leerle la Biblia un poco más. Él se fue a la cama y durmió profundo toda la noche. Por la mañana, él seguía durmiendo profundo. Tuve que pasar por encima de él para poder levantarme de la cama, y ni siquiera lo desperté. Eso era anormal. Él tenía el sueño ligero. Y para ser un hombre que no roncaba, estaba roncando fuertemente. Yo asumí que era la morfina lo que lo hacía dormir más profundo de lo normal.

Yo me vestí para el día y ayudé a Anne con los niños. Estaba lista para ir a buscar algo para drogarme, así que seguí tratando de despertarlo haciendo ruido en la habitación. Estaba dispuesta a soportar que él se enojara conmigo si eso significaba que me ayudaría a llegar a los barrios.

Dejé que nuestro hijo de cuatro años entrara en la habitación con su guitarra desafinada y comenzara a "tocar" mientras gritaba las palabras de una canción a todo pulmón. Encendí la aspiradora y aspiré los pisos en todas las demás habitaciones y terminé en la habitación donde él dormía. Finalmente, apagué la aspiradora y me di la vuelta para despertarlo.

Bo ni siquiera estaba respirando. Lo llamé por su nombre y lo sacudí. Aun así, no respiraba. Nuestro hijo estaba en el suelo con la guitarra, cantando su canción. Anne estaba en otra parte de la casa. Comencé a gritarle para que llamara a una ambulancia. La estación de bomberos estaba al final de la calle. Ellos podrían estar allí rápidamente.

Traté de recordar todo lo que había escuchado sobre RCP (resucitación cardiovascular). Traté de respirar en su boca, pero el aire que empujaba con mi aliento simplemente salía burbujeando de su boca hacia mi boca. Ni siquiera parecía entrar en sus pulmones.

Traté de pararme sobre él y empujar su pecho. La cama era tan suave que todo su cuerpo se hundía en el colchón. Entonces, traté de tirarlo al suelo. Su cabeza golpeó la mesa de noche y su cuerpo estaba enredado en las sábanas. Él estaba cubierto de sudor y yo no podía agarrarlo bien. Empecé a llorar en desesperación y comencé a decirle: «¡No te mueras, Bo!».

En cuestión de minutos, los paramédicos entraron corriendo y me sacaron de en medio. Sacaron el cuerpo sin vida de Bo de las sábanas enredadas y lo llevaron al suelo. Mientras dos hombres comenzaron la RCP, otro trajo una camilla.

Anne llevó a los niños a la habitación trasera y llamó a la hermana de Bo y a su mamá que estaban en la calle siguiente. Ellas se detuvieron frente a la casa mientras el cuerpo de Bo estaba siendo levantado en la ambulancia con los paramédicos todavía trabajando en reanimarlo.

Yo me subí al asiento delantero y la ambulancia aceleró hacia el hospital que estaba a unos ocho minutos de distancia. Respondí a las preguntas que hicieron los paramédicos, tratando de explicarles sobre el parche y la morfina liberada por dispersión gradual.

El personal del hospital me acompañó a una sala de espera privada. Cuando la familia de Bo llegó, los llevaron a esta habitación privada. Traté de explicarles acerca del parche y la morfina liberada por dispersión gradual a la familia porque todos querían saber qué había sucedido. Tratamos de tranquilizarnos mutuamente de que todo estaría bien. Asumimos que lo revivirían y que todo estaría bien.

Luego, una consejera del hospital llegó para hablar con nosotros. Poco a poco, comenzamos a darnos cuenta de que su condición era más grave de lo que pensábamos, y el hospital nos enviaba a alguien para que nos ayudara si él moría. El equipo médico finalmente llegó a la sala de espera de la familia para decirnos que habían podido restaurar un latido cardíaco. Nunca olvidaré la mirada en el rostro de la madre de Bo mientras hacía la pregunta que todos teníamos miedo de hacer: «Entonces, ¿no está todo bien ahora que lo han resucitado?».

Ellos explicaron que Bo estaba siendo mantenido con vida por las máquinas que respiraban por él. El parche de morfina había liberado tres días de morfina en su cuerpo en un día. Bo había estado sin suficiente oxígeno durante toda la noche porque su diafragma no podía expandirse adecuadamente. ¡El ruido que confundí con ronquidos era Bo luchando por respirar! Yo había estado pensando egoístamente en drogarme mientras él luchaba por aferrarse a la vida.

Nos trasladaron a la sala de espera de cuidados intensivos. Bo solo vivía debido a las máquinas que mantenían vivo su cuerpo. Nos permitieron entrar en la habitación con Bo un par de veces al día durante unas horas.

Miembros de la familia y personas de la iglesia de Anne vinieron a visitarnos. Pronto, nuestros amigos se enteraron y vinieron al hospital. Algunas personas pensaron que Bo había intentado suicidarse para evitar ir a prisión. Independientemente de sus sospechas, todos estaban en estado de shock.

Drogada en el hospital

Algunos de nuestros amigos vinieron al hospital y me trajeron algo para ayudarme a sobrellevarlo. Una chica me llevó al baño y me dio un Dilaudid y una jeringa. Yo me sentí culpable cuando volví a ocupar mi lugar en la sala de espera junto a la familia de Bo mientras la droga hacía efecto.

Pero la culpa duró poco. Mi amiga venía todos los días y me ayudaba. Yo guardaba la jeringa en mi zapato, y cuando el chico del bar me llamó y me preguntó si necesitaba algo, le pedí que me trajera un poco de cocaína para que pudiera mantenerme despierta.

La condición de Bo no había mejorado. De hecho, su cerebro se estaba hinchando. Se podía ver visiblemente el área alrededor de sus sienes y sus ojos sobresaliendo. El médico convocó a los miembros inmediatos de la familia para una reunión. Él nos explicó que Bo tenía muerte cerebral y había sufrido tanto daño cerebral que sería un vegetal por el resto de su vida. Nos dieron la opción de desconectar las máquinas y dejarlo morir o mantenerlo conectado a las máquinas indefinidamente en coma.

Fue durante este tiempo que el hombre de la iglesia de Anne que había orado con Bo en el altar y le había dado el casete de música cristiana llegó al hospital. Yo nunca lo había conocido antes, y no era lo que esperaba ver de la iglesia. Él llevaba un chaleco de motociclista de cuero negro y tenía una larga cola de caballo sobre la espalda. Su rostro estaba cubierto de una espesa barba, y llevaba una enorme Biblia negra y desgastada. Él dijo que quería orar por Bo porque creía que Dios lo sanaría.

Yo no pensé que su oración haría ningún bien. Aun así, le pregunté a la madre de Bo si le importaba que este hombre orara por Bo. Tampoco parecía demasiado interesada en la idea. Sonaba como algo muy lejano para las dos, pero nosotras lo llevamos al cubículo de Bo en la UCI. Lo dejamos orar, y él oró con todas sus fuerzas. Yo personalmente, estaba entre sintiéndome incómoda y sintiendo lástima por este tipo.

Él regresó a la sala de espera con nosotros y comenzó a hablarme de mi vida. Yo eludí tantas preguntas como pude, hasta que finalmente, me sugirió que fuéramos a la capilla y habláramos.

Yo no quería ir a la capilla y no quería hablar. Este hombre era insistente. Él siguió hasta que acepté ir. Cuando salimos de la sala de espera, mi amigo del bar estaba caminando por el pasillo. Yo traté de librarme de esa reunión en la capilla, pero el predicador dijo que me esperaría. Caminé hasta el otro extremo del pasillo con mi amigo del bar que me deslizó una pieza de cocaína de valor de veinte dólares.

¡Qué lío! Mi esposo estaba siendo mantenido con vida por máquinas. Los médicos dijeron que no había esperanza. Un motociclista/predicador quería orar conmigo en la capilla. Yo tenía una jeringa en el zapato y cocaína en el bolsillo. Repito, ¡qué lío! Fui a la capilla y escuché al predicador. Bueno, Estaba medio escuchando. Él fue insistente y continuó haciendo preguntas que me hicieron pensar. Él estaba decidido a comunicarse conmigo.

Al principio, yo escuchaba su diálogo como "historias religiosas" sobre Jesús viniendo a la tierra para que pudiera morir por mis pecados. Pero cuanto más me explicaba el hombre, más real se volvía para mí. Esta historia comenzó a cobrar vida y se volvió personal para mí.

Pensé por dentro, *¿En serio? ¿Quieres decir que Dios no me odia? ¿Es cierto que Dios me ayudaría?* Cuando el hombre me pidió que orara con él, ese rayo de esperanza estaba presente en mi corazón. «*Si Dios realmente me ayudaría, yo necesitaba esa ayuda*».

Yo oré junto con él, repitiendo las palabras de arrepentimiento. No me sentí diferente. No tenía esa sonrisa tonta en mi rostro que Bo llevaba el día que había llegado a casa de la iglesia. No me di cuenta de ningún cambio. Le dije "adiós" al predicador en el pasillo.

A continuación, hice lo que cualquiera drogadicta haría. Fui al baño de abajo en el área de espera de la sala de emergencias. Cerré la puerta con llave. Mezclé la cocaína en la tapa de mi jeringa. Busqué en la penumbra de la luz del baño una vena y empujé la jeringa.

Esperé los trenes, el sonido de la sangre corriendo por tus tímpanos mientras la cocaína acelera tu corazón. No hubo nada. No sentí absolutamente nada. Tal vez, Dios escuchó mi oración y estaba creyendo mis palabras de compromiso. Yo recogí todo y regresé a la sala de espera.

Estaba demasiado drogada con diferentes drogas para mostrar cualquier emoción verdadera. No es de extrañar que la familia de Bo se estuviera distanciando de mí. No es de extrañar que la madre de Bo comenzara a pensar que yo tenía algo que ver con su muerte. No recuerdo si yo lloré. No sé si me veía triste. Estaba entumecida. Mis recuerdos de esta época son incompletos y se centran en las drogas. Es como si no hubiera estado allí durante la mitad de esta pesadilla.

Cuando apagamos las máquinas, la familia estaba reunida en la habitación. Recuerdo el momento, pero no recuerdo haber mostrado ninguna emoción. Cuando la máquina dejó de respirar por Bo, fue el último aliento que él tomó. No estoy segura de cuánto tiempo estuvimos sentados en esa habitación despidiéndonos.

Recuerdo que fui la última en irme. Me senté junto a su cuerpo, tratando de comprender el hecho de que esos ojos nunca volverían a abrirse. Levanté la sábana que estaba sobre su cuerpo y traté de memorizar cada cicatriz y cada tatuaje. Le tomé la mano y le susurré: "¿Qué quieres que haga ahora, Bo? Solo dime qué hacer".

CAPÍTULO NUEVE

MI SIGUIENTE SOBREDOSIS

Hasta este punto, solo pensaba que mi vida estaba fuera de control. Después de la muerte de Bo, mi vida no tenía absolutamente ninguna dirección. Bo había sido la voz que me decía qué hacer y cómo hacerlo.

Todo el resentimiento que sentí a lo largo de los años realmente estaba enmascarando el hecho de que no tenía vida fuera de él. No sabía cómo pensar por mí misma o cuidarme. Estaba muy perdida.

¿Pensarías que estaba loca si te dijera que no sé qué hice esa noche después de que Bo dejó este mundo? No sé si me fui a casa con su familia o si fui a drogarme. Realmente no lo recuerdo. No recuerdo haberles dicho a mis hijos que su padre se había ido.

Mi hija recuerda que su abuela, su tía y yo los sentamos en un círculo y tratamos de explicarles que su papá nunca volvería. No sé cuánto tiempo lloraron mis hijos o quién les secó las lágrimas.

El siguiente recuerdo que tengo fue en la funeraria. Pensaba por dentro, *No puedo soportar esto. No puedo superar esto a menos que obtenga algo que me ayude.* Hice una llamada desde la funeraria al médico que me recetó el Ativan, y él me dio una receta. La misma chica que me había visitado en el hospital apareció con un Dilaudid, y me drogué en el baño de la funeraria.

Alguien llevó a los niños a la funeraria y los llevamos a ver el cuerpo de Bo. Esta era la primera vez que recuerdo haber visto cómo mis hijos estaban tomando la pérdida de su padre. Yo estaba siendo tan egoísta, enfocada en cómo esto estaba afectando mi vida que no estaba pensando en ayudar a mis hijos o a cualquier otra persona de la familia en ese momento.

Nuestra hija siempre había sido la "niña de papá". Ella tenía seis años y era muy madura. Si bien su hermano era demasiado joven para comprender la brevedad del momento, ella tenía la edad suficiente para entender que papá no volvería. Cuando ella se acercó al ataúd, alcanzó a tocar la cara de Bo y comenzó a gritar de ira: «¡Ese no es mi papá! ¡Estás mintiendo! ¡Ese no es él!».

El director de la funeraria cerró la división deslizante para evitar que alguien más ingresara al área de observación mientras toda la familia estaba allí en estado de shock. Yo aparté su mano mientras ella golpeaba la cara de Bo y untaba el maquillaje que le había sido aplicado por el enterrador que había preparado su cuerpo.

Gentilmente, el director de la funeraria sugirió que todos salieran y ellos arreglarían el daño. Nosotros tratamos de explicarle a ella que ese era el cuerpo de su papá, pero ella firmemente se negaba a aceptarlo. Alguien se llevó a los niños a casa, y no recuerdo haberlos vuelto a ver durante unos días.

Desearía que alguien me hubiera sacudido, me hubiera gritado y me hubiera dicho que bajara a la realidad. ¿Por qué nadie me detuvo?

En cambio, la familia comenzó a resentirse conmigo. Cuando entré en la habitación donde estaba reunida toda la familia, sentí miradas frías y escuché leves susurros. No puedo culparlos. Estuve drogada durante el velorio de mi esposo, y las cosas empeoraron el día del servicio funerario.

La funeraria estaba llena. Se había corrido la voz por todas partes sobre la muerte de Bo, y muchas personas habían venido a presentar su último adiós. Todos estábamos vestidos con nuestra mejor ropa negra. Yo tenía una falda negra y mis botas de tacón alto y cuero negro.

Me llegó la noticia de que Allen había ido. Yo estaba furiosa y fui marchando a través de la funeraria para encontrarlo. Tu podías oírme gritar: «¿Dónde está? ¿Cómo se atreve a mostrar su rostro aquí?». Cuando lo encontré, él se disculpó muy respetuosamente y comenzó a darme sus condolencias. ¡Pero yo estaba en condiciones de ser amarrada!

¡Yo me encendí contra él, rasguñando, golpeando y pateando como una energúmena! Él dijo con calma:

«Entiendo. Me iré. Lo siento. No quiero causar problemas». Eso no cambió nada. Mientras él salía del edificio y se dirigía a su auto, yo lo pateé en su parte trasera en cada paso del camino. Me rompí el tacón de la bota derecha. ¡Ese pobre tipo!

Cuando él se fue, el director de la funeraria se me acercó y me dijo: «Si no te controlas, vas a tener que irte. Tenemos que empezar».

Yo me encogí de hombros, lo miré a los ojos y le dije: «Estoy lista para comenzar». De regreso a la entrada de la funeraria, levanté el tacón roto de mi bota y tomé mi asiento.

Después del funeral, fui a inyectarme otro Dilaudid. Cuando regresé a la casa de Anne, todas las flores del funeral estaban en su porche delantero. Entré, pero todo se sentía diferente. Ya no sentía que pertenecía allí. No quería dormir en la cama donde Bo había muerto. No sabía qué decirle a nadie. Cuando me preguntaron: «¿Qué vas a hacer?», yo no sabía que responder.

Lo único que había hecho durante los últimos ocho años de manera consistente era drogarme. No conocía ningún otro patrón de vida. Nunca había hecho ningún plan para mi vida más allá del mañana. No era una buena madre. Yo era una prostituta y una drogadicta. Entonces, hice lo único que sabía hacer. Seguí drogándome.

Mi vida era un caos. No sabía dónde estaba la mitad del tiempo. Traté de ir a los lugares a los que solíamos ir y me di cuenta de que esos eran los amigos de él. No eran mis amigos. Yo no encajaba allí sin él.

Yo estaba tan sola sin ningún lugar a donde acudir. No le hablaba a mi madre. No había hablado con mi padre desde que salimos de Florida con su dinero. No había hablado con mi hermano desde que me escapé de casa. No tenía ninguna relación con mis hijos. La única familia que había conocido durante los últimos ocho años era la familia de Bo, y yo también había arruinado eso.

Anne me pidió que firmara la póliza de seguro de vida que me estaba contratando. Ella había mantenido una pequeña póliza de seguro de vida para Bo que había cubierto sus gastos funerarios. Yo no quería dejar a nadie con la carga de enterrarme si moría, así que con gusto la firmé. Al mismo tiempo, me convenció de que le firmara la custodia de los niños. Estuve de acuerdo con ella; probablemente eso sería lo mejor.

Fui al bar del tipo que me había vendido cocaína en el hospital. Eventualmente, me quedé allí todas las noches. Él continuó proporcionándome mucha cocaína y también me dio dinero para comprar un poco de Dilaudid.

Fue en la parte trasera de este bar donde morí. Había estado consumiendo cocaína durante tres días y noches sin parar. No había comido ni bebido nada durante días. Era media mañana de un domingo, y el bar apenas tenía clientes. Le rogué por más cocaína y lo convencí de que me diera una pieza más grande porque no la estaba "sintiendo". Eso debió haber sido una señal. Pero los adictos no piensan racionalmente.

Mis dientes estaban apretados rechinando, mi mandíbula se retorcía mientras espolvoreaba el costoso polvo blanco dentro de la tapa de la jeringa. Yo jale solamente la cantidad exacta de agua y se la agregue al polvo en la tapa. Jale la cocaína líquida dentro de la jeringa y le saque el aire.

Los sonidos de los clientes del domingo por la tarde en el bar donde secretamente me drogaba fueron rápidamente ahogados por el sonido anticipado de los "trenes" que corrían en mi cabeza mientras mi corazón respondía al llamado de la cocaína bombeando sangre a través de mi cuerpo a un ritmo escandaloso.

A la fuerte dosis de cocaína se sumaba el hecho de que me había estado inyectando sin parar desde el viernes en la noche. Tal vez, es por eso que perdí la conciencia antes de que pudiera siquiera desatar el cinturón de mi brazo izquierdo. Podría ser la razón por la que mi corazón dejó de latir y mi aliento abandonó mi cuerpo.

Mientras moría, fue diferente al entumecimiento que había sentido en mi primera sobredosis de cocaína. Yo estaba consciente de mi entorno. La vida y la muerte nunca habían parecido tan reales, tan vívidas. Yo tenía mucho miedo.

La oscuridad me rodeaba. De repente, estaba parada frente a una calavera. No era un esqueleto completo. Era solo un cráneo enorme tan alto como yo. Manos que se extendían desde la oscuridad, tratando de arrastrarme hacia la muerte. En ese momento, estaba consciente de la realidad de la muerte. Yo no estaba lista para morir, y no quería ser jalada hacia la oscuridad.

Yo me volteé y corrí con todas mis fuerzas. Corrí de regreso a mi cuerpo. Cuando alcancé mi cuerpo, yo seguía corriendo. El hombre que realizaba RCP (resucitación cardiopulmonar) en mí estaba en shock. Un minuto estaba bombeando mi pecho, tratando desesperadamente de traerme de vuelta a la vida. Al minuto siguiente, se encontraba luchando contra una chica frenética, aterrorizada y medio enloquecida. Yo luchaba como si esas manos siguieran tratando de alcanzarme.

Corrí desde el cuarto de atrás del bar y por las calles del centro de la ciudad antes de reducir el paso. Con sangre goteando de mi brazo y la lluvia fría cayendo sobre mi rostro, me di cuenta de que el infierno era un lugar real, y yo no quería ir ahí.

Antes de este momento de mi vida, no me importaba morir. Yo sentía como si estuviera viviendo el infierno en la tierra. No pensaba que el cielo fuera una posibilidad para mí. Yo no sabía que Dios me perdonaría de mis pecados. Cuando el hombre que vino al hospital me explicó la salvación en la capilla esa noche, era la primera vez que escuchaba la verdad acerca de Dios de una manera que pude entenderla.

Cuando yo asistía a la iglesia con mis abuelos, nunca entendí el concepto de que todos han pecado y necesitan el perdón que la sangre de Jesús puede dar. Cuando fui a la iglesia con mi amiga, no escuché el plan de salvación. Yo me divertía y cantaba canciones, pero nunca entendí la verdad acerca de Dios.

Regresé a la casa de Anne y le conté lo que había pasado. No creo que ella me haya tomado en serio. A estas alturas, ya habían tenido suficiente conmigo.

Yo fui al servicio de la tarde en la iglesia donde Bo se había hecho salvo. Me senté en la primera fila, esperando que terminara el sermón. Cuando ofrecieron oración, me levanté de un salto para hablar con él. Me preguntó por qué necesitaba oración, y le respondí: "Yo morí hoy y me fui al infierno. Necesito ayuda".

Ellos hicieron una oración por mí, y tan rápido como comenzó, se terminó. Yo caminé al estacionamiento decepcionada de no tener ninguna dirección.

Decidí que necesitaba dejar las drogas y me enteré de un programa del gobierno por medio de mis amigos. Este programa te daba metadona para ayudarte a dejar la heroína o Dilaudid. El único inconveniente de este programa era que tenía que viajar a Chattanooga todos los días durante dos o tres semanas para recoger la metadona.

Mis amigos iban juntos en el mismo carro. Teníamos que reunirnos temprano en la mañana y conducir a Chattanooga para estar allí cuando abriera la clínica.

¡La metadona me arruinó! Arruiné completamente tres autos y no recuerdo dónde los dejé. Me desmayé desnuda en la casa de alguien y estaba tirada en una silla cuando entraron sus padres y su hijo de tres años. ¡Pero estaba tratando de dejar las drogas! Compré una Biblia. Me costó veinticinco centavos en la tienda de segunda mano.

Traté de leerla porque quería la ayuda de Dios. Por lo general, cabeceaba después de solo unos minutos de lectura. Pero me despertaba e intentaba leer de nuevo. Me sentaba allí con esa Biblia, cabeceando durante horas, y nunca leía las páginas con éxito.

La esposa del hombre que había visitado el hospital había pasado por la casa de Anne para dejarme su número de teléfono. Ella me invitó a asistir a unas reuniones de avivamiento en otra iglesia.

Yo no sabía lo que era un "avivamiento", pero acepté ir. Estaba drogada con el tratamiento de metadona y cabeceé durante el primer servicio. Aunque no recuerdo lo que sucedió esa noche, me dijeron que tuve una conversación con la esposa del predicador. Evidentemente, la insulté cuando ella estaba tratando de orar por mí. ¡No recuerdo nada de eso en absoluto! Yo estaba tan drogada con las fuertes dosis de metadona y me dormí en la iglesia.

La pareja me ofreció quedarme con ellos por un tiempo bajo ciertas condiciones. No podía decirle a nadie dónde estaba, y no podía traer a nadie a la casa. Yo acepté sus condiciones y dormí en su sofá. Más tarde descubrí que se quedaron despiertos durante toda la noche orando por mí para que fuera libre de la adicción.

Volví al avivamiento con ellos la noche siguiente y, una vez más, me quedé dormida durante el sermón. Esta vez el predicador llegó a donde yo estaba sentada y me despertó. Él me preguntó: «¿Realmente quieres ayuda, chica?».

En ese momento, parecía como si hubiera estado en mi sano juicio. Yo me puse de pie y le respondí. "Sí, señor. La quiero".

Él extendió la mano para orar por mí, y caí al suelo. No estoy segura de cuánto tiempo estuve allí, pero cuando me puse de pie, le susurré a la mujer sentada a mi lado: "Creo que ese hombre me tumbó. ¿Lo viste tumbarme?".

De repente, me di cuenta de que estaba sobria y lúcida, más de lo que había estado en ocho años. Mi mente estaba alerta, y en realidad podía pensar con claridad. Aunque yo había orado en la capilla del hospital meses antes, realmente no había entregado mi vida a Jesucristo como mi Señor y Salvador. Yo entregué mi vida a Dios esa noche, el 10 de agosto de 1992.

CAPÍTULO DIEZ

LECCIONES DE VIDA

No estoy segura de haber estado alguna vez en "mi sano juicio" antes de este momento en mi vida. Antes de la adicción, la prostitución, el abuso, la vergüenza y los fracasos, no estaba realmente en "mi sano juicio". Ahora, podría enfrentar mi vida con la capacidad de tomar decisiones correctas. Mi percepción estaba libre de la desesperación que me había esclavizado, y veía esperanza para mi futuro. Esa noche, tiré mi mariguana, metadona y Ativan por el desagüe.

Las reuniones de avivamiento en la iglesia estaban siendo todas las noches, así que tomé mi Biblia y seguí a los predicadores, absorbiendo la Palabra de Dios como una esponja. Aprendí tanto, y tenía tanto que necesitaba aprender.

La pareja que me había llevado a su casa fue muy paciente conmigo. Yo no solo no tenía ni idea de las cosas de Dios y de la Biblia, sino que tampoco sabía cómo comprar alimentos, limpiar la casa, pagar cuentas o levantarme antes del mediodía. ¡Tuve que aprender todo sobre cómo ser responsable!

Mis lecciones comenzaron de inmediato cuando me llevaron a presentar solicitudes para trabajar. No había tenido un trabajo normal desde que tenía dieciséis años de edad, y ser mesera era la única experiencia laboral que tenía. Encontré un trabajo en un restaurante cerca del centro comercial. Como yo no tenía dinero, ellos me ayudaron a comprar la ropa necesaria para mi uniforme y me llevaban al trabajo todos los días.

Mi siguiente lección de responsabilidad fue mi carro. El auto que había estado conduciendo no era legal. Yo había comprado ese auto con pagos de una persona que había conocido en circunstancias ilegales. Él había desaparecido, y yo no tenía el título. Algunas personas de la iglesia trataron de ayudarme a buscar el título para que pudiera localizar al propietario. El número de registro del vehículo resultó como robado. ¡Yo había estado conduciendo un auto robado! No hace falta decir que ya no podía conducirlo.

Organicé una reunión con la familia de Bo e invité a mi madre y a mi padrastro a asistir. Mis amigos de la iglesia fueron conmigo para compartir la gran noticia de mi libertad. Mi entusiasmo por la gran transformación en mi vida no fue correspondido por ningún miembro de la familia. Yo les dije que ya estaba limpia, que tenía un trabajo y que quería criar a mis hijos. Pensé que ellos estarían contentos y querrían que mis hijos tuvieran un hogar normal con su madre.

Pero ellos no tenían la intención de devolverme la custodia de mis hijos porque no esperaban que mi transformación durara. Después de esa reunión, no tuvieron conversaciones civilizadas conmigo durante bastante tiempo. Aunque me había decepcionado su respuesta, yo lo entendí. Ellos me habían visto autodestruirme durante los últimos ocho años, sin tomar ninguna decisión responsable.

Nuevas Respuestas

Mi método anterior para responder cuando las cosas se ponían difíciles era renunciar o huir. Pero yo ya no era quien yo solía ser. Ya no era el fracaso desordenado que era antes. Mi mente fue cambiada por las verdades que estaba aprendiendo del manual de instrucciones de Dios. Enfrenté este desastre que había creado con esperanza y mucho aliento y oración de la gente en la iglesia.

Fui a los tribunales para averiguar qué se necesitaría para que me devolvieran la custodia de mis hijos. El día de la audiencia, el abogado de Anne señaló al juez mi larga historia de adicción, mi historial de arrestos, mi falta de licencia para conducir legal y mi falta de un hogar. Incluso trajeron a un grupo de personas para testificar sobre mis crímenes y el uso de drogas.

La juez nos sorprendió a todos por su severa respuesta: «No estoy interesada en lo que Michelle hizo en el pasado. Quiero saber qué está haciendo Michelle en este momento». En ese momento, supe que Dios estaba de mi lado. Entré en esa sala del tribunal esperando la misericordia de Dios, y sabía que acababa de presenciar el favor de Dios.

La juez nombró a un abogado que actuaba como mediador para revisar mi caso y establecer visitas supervisadas en la casa de Anne. El mediador me explicó lo que la juez quería que yo lograra para demostrar que estaba lista y que era capaz de cuidar a mis hijos. Esto incluía tener un hogar adecuado para los niños y para mí, tener una licencia de conducir legal, aprobar las pruebas de detección de drogas requeridas y tener un registro de trabajo consistente.

Esta larga lista de requisitos parecía mucho para una persona tan irresponsable como yo. Estoy segura de que la familia de Bo no pensó que podría lograrlo, pero yo estaba dispuesta a hacer mi parte. Yo también creía que Dios quería que tuviera a mis hijos conmigo y que Él me ayudaría a hacer las cosas que yo era incapaz de hacer.

Yo comencé a investigar lo que se necesitaría para recuperar mi licencia de conducir. Descubrí que tenía casi dos mil dólares en multas. Además, había una sentencia en mi contra por un accidente automovilístico en el que yo no tenía seguro. El monto de la sentencia era de casi tres mil dólares. Además de las multas y la sentencia, se requería una tarifa de casi mil dólares para recuperar mi licencia.

¡Esto parecía imposible, y eso era solo el primer paso de una larga lista de cosas que tenía que hacer! Yo colgué el teléfono después de recopilar toda la información, y mi corazón comenzó a hundirse. Yo no ganaba suficiente dinero como mesera para pagar todas estas multas y tarifas y aun así obtener un apartamento antes de la fecha límite de la corte.

Yo puse una moneda en el teléfono público y llamé a la pastora de la iglesia. Yo no quería abrir la boca y arruinar todo lo que había orado diciéndole a ella cómo me sentía y cómo estaba mi circunstancia. Simplemente le dije: "Por favor, háblame un poco de fe".

Ella comenzó a declarar el reporte de Dios. "Mi Dios pues, suplirá todas tus necesidades de acuerdo a Sus riquezas en gloria. Dios es el dueño del ganado en mil colinas. Tú eres la cabeza y no la cola". Ella declaró escritura tras escritura durante los siguientes minutos hasta que me convencí de la fidelidad de Dios y de mi victoria. Yo estaba en una batalla de fe, y estaba luchando por mis hijos por primera vez en mi vida.

Para mi sorpresa, mi abogado designado por la corte pudo reducir la sentencia y borró la mayoría de las multas. Yo me regocijé y grité por todas partes. ¡El favor de Dios estaba obrando a mi favor!

Experimenté el favor sobrenatural aún más cuando la gente de la iglesia y en mi trabajo comenzaron a darme dinero para ayudarme. Más de una vez, recibí un billete de cien dólares como propina. Me tomó unos meses, pero pude obtener mi licencia de conducir antes de la próxima comparecencia ante el tribunal.

Durante este tiempo, se me concedieron visitas programadas y supervisadas con mis hijos. Pero en mi primera visita, Anne me rechazó por haber llegado cinco minutos tarde.

Las personas con las que vivía me ayudaron mucho llevándome a todas partes. Ellos me recogieron del trabajo en un lado de la ciudad, y atravesamos la ciudad en medio del tráfico de la tarde. Llegamos a la casa de Anne cinco minutos después de la hora en que se suponía que comenzaría la visita ordenada por la corte.

Cuando fui a la puerta, Anne apenas y abrió la puerta. Ella me informó que como había llegado tarde, no me iba a dejar tener la visita. Mi hijo pequeño me vio a través de la grieta de la puerta y vino corriendo a abrazarme. Anne lo empujó detrás de ella y le dijo: «No, no puedes verla». Ella me cerró la puerta en la cara y me dejó con lágrimas corriendo por mi rostro.

Tengo que admitir yo que estaba confundida por su comportamiento. Cuando Bo estaba vivo, nos llevábamos a los niños cuando queríamos y los manteníamos con nosotros todo el tiempo que queríamos. Durante ese tiempo, todo el mundo sabía que estábamos bebiendo o drogándonos.

Ahora, yo vivía limpia y sobria, en realidad con un verdadero trabajo y tratando de vivir una vida normal. Pero ella ni siquiera me dejaba entrar a la casa. Yo no discutí. Al día siguiente llamé a mi abogado que se puso en contacto con el abogado de Anne. Me aseguré de llegar temprano para la próxima visita.

Anne nunca hizo que las visitas fueran cómodas. Ella no me hablaba ni me miraba a los ojos. Su casa siempre estaba llena de otros miembros hostiles de la familia que me observaban mientras yo entraba y salía.

Cuando iba para la visita, me acompañaban a una pequeña habitación atrás donde era la lavandería y sala de juguetes. Estuve en esa pequeña habitación durante cuatro horas a la semana, jugando con mis hijos. Aprendí a jugar con ellos. Yo tenía que mantener su atención porque si ellos se aburrían, se iban a otra parte de la casa donde no me permitían estar. Probablemente pasé más tiempo de calidad con mis hijos durante esas visitas que nunca.

Años más tarde, Anne me dijo que ella me estaba probando. Ella quería ver que tanto realmente quería yo a mis hijos. Ella realmente me puso a prueba y me hizo caminar por la línea, pero hoy me alegro por ello. Yo descubrí lo valiosa que era realmente mi relación con mis hijos. Descubrí que ser una buena madre requería que dejara el egoísmo. Tuve que poner su estabilidad y seguridad por encima de mis necesidades o sentimientos.

Cuando yo regresé para tener la audiencia de la custodia de mis hijos, había pasado todas las pruebas aleatorias de drogas, había obtenido mi licencia de conducir legal, había recibido una referencia de mi empleador de un trabajo estable y me había mudado a un apartamento de dos habitaciones. Ninguna de estas cosas sucedió en un abrir y cerrar de ojos. Pero el favor de Dios era evidente en cada paso que daba. El apartamento fue alquilado el día antes de que me programaran para la inspección del trabajador social. La gente de mi iglesia trajo muebles, platos, toallas y juguetes. En veinticuatro horas, pasé de dormir en el sofá de alguien con pertenencias mínimas a tener mi propio apartamento completamente amueblado. ¡Tenía camas, un sofá e incluso fotos en mi pared! Cuando comparecí ante la juez para la audiencia final de custodia, se me concedió la custodia de mis hijos sin dudarlo.

Aprendiendo a caminar con Dios

Paso a paso, Dios comenzó a establecer mi vida. La Palabra de Dios se hizo real para mí mientras me sentaba en la iglesia, escuchando la predicación y siguiendo con mi Biblia. Tenía mucho que aprender acerca de Dios, y deseaba hacer las cosas a Su manera.

Conocer la voluntad de Dios era muy importante para mí. No quería tomar las decisiones equivocadas que llevarían mi vida de vuelta a la destrucción. Descubrí que la Palabra de Dios contiene Su voluntad. Si yo oraba de acuerdo con la Palabra de Dios, estaba orando de acuerdo con Su voluntad. Si yo vivía de acuerdo con lo que está en Su Palabra, estaba viviendo de acuerdo con Su voluntad. Cada vez que aprendía algo de la Biblia, yo ajustaba mi vida para que se ajustara a lo que Dios dijo.

Cuando comencé a orar por un esposo, fui a la Palabra de Dios para obtener los detalles de qué orar. Le pedí a Dios por un hombre que fuera más fuerte y más conocedor que yo en la Palabra de Dios, un hombre que amara a mis hijos como suyos, y un hombre que alabara y adorara a Dios sin reservas.

Había un par de chicos en la iglesia que estaban interesados en salir conmigo. Pero no calificaban de acuerdo con mi lista de oración. Yo quería la voluntad de Dios para mi vida, y no estaba interesada en perder el tiempo con nadie que no estuviera en línea con lo que yo pedía en oración.

Cuando conocí a Philip Steele, escuché a Dios hablar a mi corazón que si estaba dispuesta a creer, podría tener a Philip como mi esposo. Yo sacudí la cabeza y pensé: *¿Soy solo yo, o ese fuiste realmente Tú, Dios?* Yo sentí esa tranquilidad de nuevo en mi corazón.

Yo escondí esto en mi corazón, orando y buscando la perfecta voluntad de Dios para mi vida. Mientras estrechaba la mano de Philip en las escaleras delanteras de la iglesia, le pregunté: "¿Sabías que tú eres mi milagro?". Cada vez que nos encontrábamos, nuestros apretones de manos eran largos, y nuestro contacto visual hablaba palabras que no podíamos decir.

Mi fe y paciencia fueron recompensadas cuando me convertí en la Sra. Philip Steele casi un año después. Nosotros nunca salimos antes de nuestra boda porque queríamos que nuestro matrimonio se basara en la integridad y la justicia de Dios. Aparte de las conversaciones telefónicas y los largos apretones de manos en la iglesia, nos mantuvimos separados.

Philip es realmente el hombre de mis sueños. Su caminar con Dios es una inspiración continua para mí. Él es un esposo y padre fuerte y devoto, con el llamado de Dios claramente en su vida. Philip Steele es todo lo que pedí y mucho más.

Saboteada por la vergüenza

En el primer año de nuestro matrimonio, descubrí que estaba embarazada. ¡Nosotros estábamos esperando nuestro primer hijo juntos! Esta vez las cosas eran muy diferentes en mi vida. No había drogas ni alcohol. Yo podía disfrutar y compartir esta experiencia con Philip. Podía disfrutar traer una nueva vida al mundo, una vida que representaba nuestro amor.

A Philip y a mí no nos importaba lo que otras personas pensaran sobre el hecho de que íbamos a tener otro hijo para agregar a nuestra familia ya formada. Nosotros comenzamos a hacer planes, pasamos horas hablando diferentes opciones de nombres y preguntándonos si tendríamos un niño o una niña. Compartimos la noticia con los niños para prepararlos para su nuevo hermanito o hermanita. Nuestra vida era perfecta.

Entonces, un día, noté un débil flujo de sangre. Cuando se lo mencioné a mi cuñada, su rostro adquirió una expresión de horror. Como aún no había visto a un médico para recibir atención prenatal, ella hizo una cita de emergencia para mí en el consultorio de un médico. Philip estaba en el trabajo cuando lo llamé para decirle que me dirigía al consultorio del médico. Me detuve en su trabajo en el camino, y Philip y yo oramos juntos. Philip estaba muy positivo, animándome a pensar lo mejor.

De camino al consultorio del médico, una sensación de vergüenza, latente en mi mente subconsciente, comenzó a despertar. En el fondo de mi mente, comencé a escuchar un pensamiento que no se originó en mi tiempo de lectura de la Palabra de Dios. No se originó en la enseñanza de mis pastores. No era un pensamiento que estuviera de acuerdo con nada de mi nueva vida cristiana. Era un pensamiento inquietante que había estado enterrado durante años en mi mente, esperando el momento perfecto para sabotear mi fe cuando más la necesitaba.

Pensé en el aborto de mi pasado, y la vergüenza inundó mi corazón. Los pensamientos comenzaron a bombardear mi mente, *Voy a perder a este bebé porque maté a mi último hijo. No merezco tener este bebé porque no valoré la vida de mi último hijo. Estoy cosechando lo que sembré.*

Yo no estaba espiritualmente consciente del hecho de que esos pensamientos eran ataques del enemigo. No me di cuenta de que necesitaba derribar esas imaginaciones y levantar el escudo de la fe. No sabía cómo declarar la Palabra de Dios o acceder al poder de la sangre de Jesús para ayudarme a lidiar con la vergüenza. La vergüenza le robó a mi fe la fuerza necesaria para recibir de parte de Dios. Yo coloqué mi escudo de fe a un lado y comencé a llorar con lágrimas vacías y llenas de vergüenza por mi pasado.

El médico buscó un latido del corazón, pero fue en vano. Mientras él señalaba la forma de mi hijo sin vida en la pantalla de la máquina de ultrasonido, esas lágrimas vacías e inquietantes de mi pasado caían por mi rostro. La vergüenza dio paso al dolor y la tristeza cuando me di cuenta de que mi hijo estaba muerto.

En un aborto espontáneo, no hay funeral o ataúd. La gente actúa como si estuvieras reaccionando exageradamente porque el bebé no estaba completamente formado o listo para nacer. Pero el dolor es igual de real. La pérdida de una vida es igual de real. Puede ser muy confuso porque la gente espera que los padres se olviden de esta pérdida, pero yo no podía olvidarlo. El aborto espontáneo es la muerte de un niño que amas. Mi bebé tenía un nombre. Mi bebé ya tenía un lugar en mi corazón, pero nunca llegaría a sostenerlo en mis brazos.

Me indignaron las cosas que algunas personas dijeron para consolarnos. Por ejemplo: «Dios permitió esto porque Él sabe lo que es mejor», o «No podemos explicar por qué Dios hizo esto». Ninguna de sus palabras ofrecía consuelo o paz. Incluso saber que mi bebé estaba en el cielo con Dios no aliviaba el dolor de la pérdida o el peso de la vergüenza.

Philip quería respuestas y se embarcó en una búsqueda espiritual. Philip se negó a aceptar sus declaraciones al pie de la letra, por lo que oró y escudriñó la Palabra de Dios. Él entró en nuestra habitación una mañana después de un tiempo en oración y me tomó suavemente de las manos. Él dijo: «No puedo explicar por qué sucedió esto, pero sé que no fue culpa de Dios. Jesús da vida y vida abundante. El enemigo es el responsable de matar, robar y destruir (Juan 10:10). Nosotros fuimos atacados por el diablo, y perdimos esa lucha. ¡Pero no volverá a suceder! Vamos a confiar en Dios y cerrar cualquier puerta al enemigo». Nosotros oramos juntos y resolvimos que no perderíamos otra batalla.

Un fundamento más firme

Philip y yo seguimos el plan de Dios para nuestras vidas, trasladando a nuestra familia de Hendersonville, Tennessee, a Kansas City, Missouri, en el proceso. Al año siguiente de mudarnos a Kansas City, quedé embarazada de nuevo. Esta vez, teníamos un fundamento más firme de la Palabra de Dios establecido en nuestros corazones. Mi esposo puso sus manos sobre mi estómago hinchado y declaró la Palabra de Dios sobre nuestra hija. Detuvimos cada pensamiento que trataba de provocar temor y alabamos a Dios por Su mano sobre nuestra bebé.

Nuestro fundamento de fe fue puesto a prueba el día en que nació nuestra hija. Nosotros estábamos experimentando una gran alegría en los momentos posteriores a su nacimiento, celebrando y llamando a la familia para contarles las buenas nuevas. Yo esperé a que la enfermera la trajera de regreso y la colocara en mis brazos. En cambio, las enfermeras intercambiaban miradas de preocupación mientras colocaban una máscara de oxígeno sobre su rostro. Cada vez que le quitaban la máscara, el cuerpo de mi hija comenzaba a ponerse azul.

El equipo médico sacó a nuestra bebé de la habitación para investigar el problema. Los siguientes veinte minutos que pasaron parecieron horas. Una enfermera entró en la habitación para limpiar el área. Ella nos ofreció agua y nos mostró cómo operar los controles del televisor, encendiendo el televisor en el proceso. Pronto el médico regresó para explicar sus hallazgos. Debido a que no estaban seguros si nuestra bebé tenía un problema cardíaco o un pulmón colapsado, necesitaban transportarla al hospital infantil local para recibir atención especializada. La ambulancia se iría con ella de inmediato, y mi esposo necesitaba acompañarla.

Cuando el médico salió de la habitación, nuestra atención fue atraída a la pantalla de televisión. El programa de la Voz de la Victoria del Creyente estaba siendo transmitida. Cuando mi esposo subió el volumen de la televisión, Kenneth Copeland estaba declarando el Salmo 112: «No tendrá temor de malas noticias; : su corazón está firme, confiando en Jehová» (Verso 7). Nosotros unimos nuestras manos, lidiamos con el temor del momento y pusimos nuestra confianza en Dios para que nos ayudara.

La siguiente vez que mi esposo pudo ver a nuestra hija fue después de que la ingresaron en el hospital de niños. Ella estaba en una carpa de oxígeno transparente y plástica con iluminación especial para tratar la ictericia. Mi esposo puso sus manos sobre la carpa de oxígeno y pronunció palabras de sanidad y vida.

En pocos días, ella pudo respirar cada vez más eficazmente, y el oxígeno fue reducido gradualmente. Mi esposo escuchó al médico comentar a un grupo de residentes: «Esta es nuestra bebé milagro. Se ha curado a sí misma».

Nosotros sabíamos que Dios era el responsable de la sanidad de nuestra hija.

Preparándonos para el plan de Dios

Pasaron años antes de que yo predicara mi primer sermón, pero la fase de preparación comenzó de inmediato. Yo compartía mi testimonio cada vez que surgía la oportunidad y servía en la iglesia en todas y cada una de las áreas en que se necesitara. Mi ministerio comenzó enseñando a los niños en la escuela dominical y limpiando la iglesia, pero continué a lo largo de los años incluyendo el ministerio en la cárcel, evangelismo a las personas sin hogar y en la administración de varios departamentos de la iglesia. El Señor promovió mi fidelidad con ocasiones para predicar y enseñar a medida que crecía en mi relación con la Palabra.

A medida que el llamado de Dios se desarrolló, Philip y yo nos convertimos en pastores de una iglesia en De Soto, Kansas, en diciembre de 1998. El Señor nos instruyó a plantar nuestra segunda iglesia en Little Rock, Arkansas, en 2015. Al momento de escribir esto, nosotros continuamos al frente con la responsabilidad en ambos lugares, pastoreando, enseñando y construyendo fe.

Otras iglesias se han establecido bajo nuestra cobertura, y ministros nacieron de nuestro colegio bíblico. Dios nos ha confiado un ministerio de televisión que llega a todo el país en inglés y en español. Philip y yo hemos escrito numerosos libros para ayudar a las personas a entender cómo poner la Palabra de Dios a trabajar en sus vidas.

Si tú te hubieras acercado a mí mientras estaba parada en la esquina de la calle, esperando con ansias mi siguiente inyección de droga y buscando para encontrar a mi siguiente cliente, y me hubieras dicho: «Un día, Dios te va a poner en televisión nacional. Tus libros darán la vuelta al mundo y ayudarán a las personas a conocer a Jesucristo. ¡Vas a predicar el Evangelio!», me habría reído en tu cara. Cuando la Biblia dice: *«Dios eligió lo necio del mundo, para avergonzar a los sabios...»* (1 Corintios 1:27 RVC), ¡creo que Dios estaba hablando de mí! Pareciera tonto que Dios pueda tomar mi desorden y convertir mi vida en algo a través de lo cual Él pueda ser glorificado.

Pero lo que el Señor ha hecho por mí es: *«... mucho más abundantemente...»* de lo que yo podría haber pedido o pensado (Efesios 3:20). ¡Pero aquí estoy, y a Dios sea la gloria!

CAPÍTULO ONCE

SEÑALANDO A JESÚS

Mientras la líder de adoración colocaba sus dedos en las teclas del piano eléctrico, la congregación levantaba sus manos para adorar. Pasé al frente para recibir oración junto con otros que respondieron a la invitación del ministro a recibir la unción de Dios. No hubo ninguna advertencia o indicación para prepararme para lo que sucedió después. Cuando el ministro puso su mano sobre mi cabeza, mi cuerpo se desmoronó en el suelo. Pero yo fui a otro lugar, a algún lugar en el reino del espíritu.

Yo miré a mi alrededor para ver dónde estaba y me di cuenta de que estaba de pie en una plataforma circular rodeada por una gran multitud de personas por todos lados. Esta plataforma se elevó ligeramente por encima del océano de personas que estaban estrechamente intercaladas, hombro con hombro. Una sensación de inquietud, una apremiante desesperanza, surgió como una corriente eléctrica a través de la multitud.

Yo estaba vestida con un atuendo sucio y rasgado. Para mi sorpresa, yo no me avergonzaba de la forma en que estaba vestida. En cambio, quería que todos vieran y entendieran por qué llevaba las prendas andrajosas. Entonces, levanté mi voz para llamar la atención de la gente. Mientras levantaba la voz, los rostros perdidos y desesperados voltearon sus rostros hacia mí para ver mi ropa sucia y escuchar lo que tenía que decir.

Su interés en mi historia parecía sobrenatural. Mientras yo describía en detalle lo que había sucedido con mi atuendo, la razón por la cual mi ropa se había vuelto tan andrajosa y harapienta, podía sentir el cambio en la atmósfera cuando la gente comenzaba a procesar mis palabras.

Hubo un momento en la narración de mi historia cuando reconocí que tenía la atención de la gente. Ese momento era mi propósito y objetivo. Cada detalle vergonzoso, cada explicación incómoda, fueron compartidos para lograr este momento.

Cuando tuve su atención, inmediatamente les señalé a mi Señor, Jesucristo. Él estaba de pie en un pedestal sobre nosotros, brillando intensamente en Su gloria. Cuando la gente volteó su rostro a Él, encontraron esperanza. Se encontraron con Aquel que tiene el deseo y la capacidad de cambiar sus vidas de la misma manera que Él había restaurado la mía.

En mi visión, yo repetía este proceso una y otra vez, ganando la atención de las multitudes y desviando rápidamente su atención hacia Jesús. Cuando la visión terminó, entendí exactamente lo que significaba. Mi tarea era clara.

Las vestiduras andrajosas y la vergüenza de mi pasado son instrumentos para llamar la atención de la gente hacia Jesús.

Pero las prendas andrajosas por sí mismas no inspirarían esperanza si la gente no pudiera ver el cambio en mi vida. El pedestal en el que me paraba representa lo que el Señor ha hecho para transformar mi vida. Él ha llenado mi vida con Su bondad.

Mis fotos del antes y el después

Me encantan las historias de la vida real, especialmente las historias de transformación. Mis favoritas son los testimonios de pérdida de peso extremo porque muestran las imágenes de antes y después que revelan cuán dramáticamente están cambiadas sus vidas. De la misma manera, quiero que sepan el cambio extremo que el Señor ha hecho en mi vida.

La restauración de Dios en mi vida comenzó en el momento en que recibí a Jesús, pero ha continuado trabajando, haciendo que mi vida sea completa, estable y llena de Su gloria. Si las personas solo escuchan acerca de los detalles de mi vida antes de que Dios me salvara, sin recibir a Jesús como Señor y permitir que Su Palabra obre en ellos, se perderán la restauración que Dios quiere hacer en sus vidas.

En la segunda parte de este libro, te señalaré a Jesús y te mostraré cómo la Palabra de Dios ha reconstruido mi vida. Quiero que sepas cómo Dios me enseñó quién soy en Cristo y cómo reconocer la voz y la guía de Su Espíritu. Al igual que una persona que experimentó un cambio de imagen total de vida, puedo decir: "esta es mi vida antes de que Jesús se convirtiera en mi Señor, y esta es mi vida desde que lo he estado siguiendo".

Muchas personas que escuchan mi testimonio se sorprenden cuando me ven. Por ejemplo, cuando la gente ve mi programa de televisión, se sorprenden al descubrir que la mujer predicando alguna vez vendía su cuerpo o se inyectaba en el brazo. Se sorprenden al descubrir que intenté suicidarme, que tuve sobredosis de drogas y que fui arrestada por intento de robo a mano armada.

La pregunta que sigue a su asombro es: «¿Cómo sucedió? ¿Cómo cambió tu vida de un extremo a otro?». Una respuesta de un solo enunciado: "Jesucristo cambió mi vida" no es suficiente para ayudar a las personas a ver cómo Dios transformó mi vida.

En los siguientes capítulos, quiero señalarles las verdades específicas que me ayudaron a crecer espiritualmente y establecerme en lo que soy hoy. Estos fundamentos todavía están obrando activamente en mi vida, pero fueron agregados pieza por pieza a medida que yo crecía en mi relación con el Señor.

Cuando los niños aprenden a leer, comienzan por aprender las letras del alfabeto y los sonidos que hacen las letras. Estas son piezas fundamentales que un lector siempre utilizará. Incluso cuando han avanzado en su nivel de lectura, están utilizando estos fundamentos sin darse cuenta conscientemente. En nuestro caminar con Dios, Él quiere establecernos en el cimiento espiritual que proporcionará un crecimiento estable y constante.

Pero nuestros fundamentos espirituales deben establecerse de manera segura. En la lectura, si alguien avanza a la siguiente clase de lectura sin aprender los conceptos básicos de su clase anterior, tendrá dificultades.

¡Lo mismo es cierto con nuestro progreso espiritual! Yo he conocido a muchos creyentes que luchan con su pasado, sus fracasos y su carne porque no tienen un fundamento espiritual. Amigo mío, no tienes que pelear esa batalla.

Si estos cimientos son conceptos que ya conoces, léelos con el propósito de fortalecerte en estas verdades. No los hojees ni te los saltes, pensando que no los necesitas. La repetición de la verdad establece la revelación en tu corazón.

Si eres un creyente nuevo que acaba de encontrar la libertad y estos conceptos son nuevos para ti, no te apresures con esto. Tómate el tiempo para estudiar y profundizar en la Palabra de Dios con cada una de estas verdades. Deja que el Espíritu Santo te guíe para saber cómo aplicar la Palabra de Dios a tu situación.

Si eres un familiar o amigo de alguien atrapado en la esclavitud a la destrucción, tu fe puede ser productiva para su libertad. De la misma manera que la mujer sunamita de 2 Reyes 4:18-37 se convirtió en un instrumento vivo en la mano de Dios, Dios puede usarte para abrir la puerta de la libertad. Te animo a leer los siguientes capítulos para identificar cuáles son tus objetivos en la oración porque tú vas a querer que los fundamentos que se describen sean abrazados y establecidos en la vida de tus seres queridos. Tu fe está involucrada en el plan de Dios para tu ser querido y tu autoridad en el reino del espíritu es vital.

Esto no es un sprint sino un maratón. Mantén tu ritmo y preparémonos para la línea de la meta.

CAPÍTULO DOCE

FUNDAMENTO #1 CONOCE AL NUEVO TÚ

Cuando una persona acepta a Jesús como su Señor, esa persona se hace completamente nueva. Nacer de nuevo no significa que estemos remodelados o reformados. ¡No! ¡Nosotros somos hechos nuevos, y somos nacidos de Dios!

Lamentablemente, muchos creyentes no se dan cuenta de lo que les sucedió en el nuevo nacimiento, por lo que no acceden a las posibilidades que están disponibles para ellos en Cristo. Ellos atraviesan luchas y sufren cosas que están equipados para vencer porque no saben quién vive en ellos. Continúan llevando cargas de culpa y vergüenza porque no se dan cuenta de que la sangre los limpió y los hizo justos.

¿Has conocido a alguien que pagó un alto precio por el teléfono inteligente más nuevo y de primera calidad, pero solo lo usaba para hacer llamadas telefónicas? Ellos podrían hasta aprender a tomar fotos con su teléfono, pero no han descubierto todo el potencial de ese costoso dispositivo. Lo mismo puede decirse del nuevo tú en Cristo. Tienes tanto potencial del cual no estás consciente hasta que la Palabra de Dios te lo revela. Para descubrir qué puede hacer el "nuevo tú", debes leer el Manual del fabricante porque eres completamente nuevo, con nuevas características, habilidades y equipo espiritual. No hay otra manera de identificar quién eres, qué tienes y qué puedes hacer sin consultar la Biblia, el libro proporcionado por Aquel que te creó.

¿Quién soy?

Antes de que Jesús me salvara, me identificaba por mis errores o las circunstancias que me rodeaban. Si me hubieras preguntado: «¿quién eres?», yo habría respondido: "soy una drogadicta, una prostituta. Soy un ejemplo miserable de madre".

Lo primero que el Señor me enseñó fue que ya no podía identificarme con los errores que había cometido, los pecados que había cometido o el registro de mi arresto en el archivo de la cárcel del condado. Yo no soy la misma persona, soy una nueva criatura. La verdad de esta nueva identidad es mi realidad.

Segunda de Corintios 5:17 es el primer versículo que Dios estableció en mi vida para ayudarme a desconectarme de mi pasado.

> *Por lo tanto, si alguna persona está [injertada] en Cristo (el Mesías) es una nueva creación (una nueva criatura por completo); la vieja [condición moral y*

espiritual anterior] ha pasado. ¡He aquí, lo fresco y lo nuevo ha llegado! (2 Corintios 5:17 AMPC).

Por medio de este versículo, el Señor me mostró que yo era más que una versión remodelada y limpia de la vieja Michelle. La palabra griega para criatura describe una nueva creación que nunca existió antes de ese momento de haber nacido de nuevo. La "vieja Michelle" murió con Cristo, y la persona que yo soy hoy, nació de Dios. ¡Yo soy una hija de Dios que nunca ha prostituido su cuerpo ni se ha insertado una aguja en el brazo!

Jesús dijo en Juan 3:7: *«... os es necesario nacer de nuevo»*. Cuando yo nací de nuevo, me convertí en una nueva persona. La persona que era antes de aceptar a Jesús como mi Señor estaba involucrada en el crimen y la adicción a las drogas. Pero esa no es la que yo soy hoy. Soy una mujer pura, santa y justa en la presencia de Dios.

Esto requirió algo de tiempo y la renovación de mi mente, pero yo permití que la Palabra de Dios me identificara. En otras palabras, acepté lo que Dios dice acerca de mí como verdad a pesar de que yo no me sentía diferente. Cuando yo no sentía que había cambiado, me recordaba verbalmente: "no soy lo que hice. Yo nací de Dios. Soy una nueva criatura, y las cosas viejas pasaron".

Para mí tratar de vivir mi nueva vida en Cristo mientras me identificaba como drogadicta, ladrona, o prostituta habría sido imposible. Yo habría sido víctima de una identidad equivocada, siempre presentando la identificación vieja de la mujer adicta y llena de vergüenza. Pero Dios habría inspeccionado mi identificación y me habría dicho: "no eres tú en esa foto".

Los sentimientos son identificadores inestables

¿Estás consultando tus sentimientos y emociones para ubicar tu identidad? Si es así, puedes cambiar constantemente la percepción de quién eres. A menos que tus emociones y sentimientos estén siendo gobernados por la Palabra de Dios y guiados por tu espíritu nacido de nuevo, no son dignos de confianza.

Si nosotros basamos nuestra identidad solamente en los sentimientos, haremos las preguntas equivocadas, tales como: "¿siento que Dios me ama? ¿Me siento aceptado por Dios? ¿Me siento justo?".

Bueno, ¿cómo se siente *exactamente* la justicia? ¿Esperas que la justicia produzca piel de gallina o algún otro tipo de sentimiento notable? Tú no reconocerás la justicia con emociones o sentimientos naturales.

Por ejemplo, yo me despierto todas las mañanas casada, pero no siempre me siento casada. ¿Cómo se siente "estar casada"? Yo estoy casada debido a un pacto que hice con Philip Steele. Nosotros tenemos un documento de matrimonio legal y un compromiso verbal. Es una decisión que Philip y yo tomamos. Estamos casados, incluso en los días que no sentimos estar casados.

De la misma manera, nosotros nos convertimos en hijos de Dios cuando recibimos a Jesucristo como nuestro Salvador y Señor. Independientemente de cómo nos sintamos, cuando nosotros creemos en Jesús, nuestra fe nos conecta con la provisión de salvación.

> *Mas a todos los que le recibieron, a los que creen en su nombre, les dio potestad de ser hechos hijos de Dios* (Juan 1:12).

Ya sea que lo sintamos o no, somos legalmente hijos de Dios. A veces necesitamos decirles a nuestros sentimientos que se pongan en línea con la Palabra de Dios. Actuar como si la Biblia fuera verdadera y comenzar a vivir como un hijo de Dios. Comienza a acercarte a tu Padre Celestial de la manera en que un niño se acerca a su papá, con los brazos deseosos y abiertos.

Estamos en la familia de Dios, somos herederos de Dios y coherederos con Jesucristo.

> *El Espíritu mismo da testimonio a nuestro espíritu, de que somos hijos de Dios. Y si hijos, también herederos; herederos de Dios y coherederos con Cristo...* (Romanos 8:16-17).

Puede que no nos sintamos dignos de una herencia, pero somos herederos porque la Biblia lo dice. Si nosotros esperamos a que los sentimientos estén de acuerdo con lo que leemos en la Palabra, perderemos la mayor parte de lo que

Dios ha preparado para nosotros. No importa lo que nuestros sentimientos y emociones indiquen, nuestra identidad está segura en Jesús, nuestro Señor. Pero nosotros debemos caminar a la luz de lo que la verdad dice acerca de nosotros para experimentar los beneficios de ella.

Permitir que la Palabra de Dios establezca nuestra identidad es la única manera certera de vivir nuestras vidas. Nosotros nacemos de nuevo por Su Palabra, por lo cual debemos dejar que la Palabra de Dios provea el fundamento de nuestra identidad. Nosotros podemos prestar atención a lo que dicen nuestros sentimientos o aceptar lo que Dios dice acerca de quiénes somos. Dios siempre tiene razón, y Su Palabra debe tener mayor influencia que nuestros sentimientos.

La situación no puede identificarte correctamente

Entonces, ¿qué evidencia estás utilizando para confirmar tu identidad? Tus circunstancias pasadas y las presentes no pueden identificar con precisión quién eres en Cristo.

¿Estás mirando al pasado en busca de detalles para describir quién eres hoy? Buscar en tu pasado podría hacer que digas: "soy un fracaso porque estoy divorciado" o "soy estúpido porque dejé la escuela". La pregunta que debes hacerte es la siguiente: ¿son tus errores pasados un indicador preciso y confiable de quién eres realmente? ¡No!

Permitir que una situación actual te identifique tampoco es una buena idea. Supongamos que estás en un embargo de tu casa o sin trabajo. En ese caso, es posible que te identifiques como un fracaso debido a cómo te hace sentir la situación.

Podrías ver las decisiones de tus hijos adultos y decir: "soy un mal padre porque mi hijo está en prisión". ¡Pero eso no es quien tú eres!

¿Estás viendo cómo otras personas te han tratado para confirmar tu identidad? Si es así, podrías decir: "no soy amado porque mi padre nos dejó". Podrías creer: "no soy una buena mujer porque mi esposo tuvo una aventura". Podrías pensar: "hay algo mal en mí porque esa persona abusó de mí cuando era un niño". La forma en que otras personas nos tratan no es un indicador correcto de quiénes somos.

¿Tienes tu nueva identificación?

La última vez que renové mi licencia de conducir, la mujer que procesaba mi renovación me pidió mi licencia anterior que estaba a punto de expirar. Ella tomó las tijeras de su escritorio y cortó la esquina de mi licencia de conducir, haciéndola inválida. Yo quería detenerla y explicarle: "¡Oiga! Yo me he mantenido al día con esa identificación. Me aseguro de saber dónde está en todo momento. La llevo conmigo a todas partes. Es posible que necesite esa vieja identificación".

Déjame ayudarte. Ya no necesitas tu antigua identificación. Necesitas dejar que Dios destruya las viejas formas de identificarte porque ya no son válidas. ¡Tú no eres la misma persona! Si tú obtienes la identificación de tu reino y te aferras a ella, tendrás acceso a la victoria, la sabiduría, la ayuda, la protección y cualquier otra provisión que te pertenece como hijo de Dios.

¿Recuerdas la primera vez que fuiste a obtener tu licencia de conducir u otra forma de identificación gubernamental? Tenías que mostrar tu acta de nacimiento o tarjeta de seguro social porque necesitabas evidencia para demostrar quién eres. La Palabra de Dios proporciona la evidencia legal que necesitamos para probar quiénes somos y la posición que tenemos en el reino de Dios.

Entonces, tu licencia de conducir incluye tu descripción física, dirección y fecha de nacimiento. Con esa identificación, puedes abrir cuentas, comprar una casa, volar en un avión o solicitar un puesto en una empresa. Sin ella, tendrás obstáculos o serás restringido de muchas actividades legales. Sin nuestra identificación del reino, nuestras actividades en el reino de Dios son limitadas o restringidas. Los beneficios del reino que legalmente nos pertenecen como hijos de Dios, como la salud, la paz y la victoria, requieren que presentemos la evidencia de quiénes somos.

La fe es la forma en que nos conectamos con nuestra identificación. Nosotros creemos con nuestro corazón que Cristo murió como nuestro sacrificio, nuestro sustituto, y que Dios resucitó a Jesús de entre los muertos. Nuestra fe es la sustancia espiritual, la evidencia de que hemos resucitado de la muerte a la vida.

> *Porque con el corazón se cree para justicia...* (Romanos 10:10).

Lo que creemos acerca de las cosas que Jesús logró por Su muerte, sepultura y resurrección determinará el acceso que tenemos a las provisiones que nos pertenecen en el reino de Dios. Por ejemplo, yo creo que Jesús fue hecho pecado por mí. Mi fe en el hecho de que Jesús se convirtió en pecado por mí me conecta con la realidad de que soy hecha la justicia de Dios en Él.

> *Al que no conoció pecado, por nosotros lo hizo pecado, para que nosotros fuésemos hechos justicia de Dios en él* (2 Corintios 5:21).

Si nosotros no creemos que somos nacidos de nuevo como nuevas criaturas en Cristo, continuaremos viviendo como las personas dominadas por el pecado que éramos antes de la salvación. El pensamiento erróneo y la creencia errónea producirán un comportamiento incorrecto. En cambio, ¡permitamos que la luz de la Palabra de Dios provea nuestra percepción!

Por ejemplo, si la vergüenza de mi pasado trata de convencerme de que Dios no escuchará mis oraciones, necesito identificarme, diciendo: "según Romanos 3:24, soy justificada libremente por la gracia de Dios a través de la redención en Cristo Jesús. En 1 Juan 5:14, la Biblia me asegura que Dios escucha mis oraciones. Esta es la confianza que tengo en Él, que si pido alguna cosa conforme a su voluntad, Él me oye. Y si sé que Él me oye, en cualquier cosa que le pido, sé que tengo las peticiones que le he hecho".

Al creer en mi corazón y liberar esa fe a través de mi boca, estoy sacando mi tarjeta de identificación espiritual de mi billetera y demostrando quién soy realmente. Mi fe establece mi identidad en esa situación. Cuando yo resisto la vergüenza con la Palabra de Dios, la vergüenza no puede anular lo que mi fe en Jesucristo ha establecido.

Dios nos provee documentos legales para establecer nuestra nueva identidad. Solo necesitas saber dónde encontrarlos. Así que, estos son algunos de los primeros pasos a seguir:

Paso #1 Obtén tu certificado de defunción

Los documentos bíblicos de Dios testifican de mi muerte con Cristo en la cruz. Debido a que tengo este documento espiritual en mi poder (en mi corazón), este provee un testimonio espiritualmente legal de que la vieja Michelle está muerta.

Si no tienes tu certificado de defunción, o tienes prueba de que el "viejo yo" está muerto. Eres tú contra la abrumadora evidencia de la vergüenza. Será tu testimonio contra las acusaciones del diablo.

No queremos tratar de argumentar nuestra inocencia sin pruebas. Recuerda, la fe es la evidencia, y la fe viene al oír la Palabra. Necesitamos obtener nuestros certificados de defunción y tenerlos a la mano.

¿Dónde podemos encontrar el documento legal para probar que la vieja vida de culpabilidad se ha ido? ¡Tenemos un certificado de defunción que está registrado en los archivos legales del cielo! Cuando Jesús murió en la cruz. Él fue crucificado como nuestro sustituto. Debido al sacrificio de Jesús y nuestra fe en lo que Él hizo, hemos sido crucificados. La fe nos pone en la cruz con Jesucristo. Si nosotros creemos que Jesús murió por nosotros, Dios lo acredita a nuestra cuenta.

En otras palabras, cuando yo reconocí que Jesús fue crucificado por mí, en mi lugar, ¡Dios depositó el valor de la muerte de Jesús en la cruz en mi cuenta! La fe prueba que morí con Cristo. Así que, aquí está mi certificado de defunción:

> *Mi antiguo yo ha sido crucificado con Cristo. Ya no vivo yo, sino que Cristo vive en mí. Así que vivo en este cuerpo terrenal confiando en el Hijo de Dios, quien me amó y se entregó a sí mismo por mí* (Gálatas 2:20 NTV).

La antigua, llena de culpa y miserable Michelle murió en la cruz con Jesucristo. Debido a que yo sé que he sido crucificada con Cristo, aprendí a no creer en las mentiras que mis sentimientos trataron de decirme. No dejé que mi pasado me mantuviera en esclavitud al arrepentimiento, martirizándome por todos los errores que había cometido. ¡Yo estoy muerta a eso! En cambio, estoy tan agradecida de no ser quien solía ser, que es difícil borrar la sonrisa de mi cara.

Beneficios de tener tu certificado de defunción

Si tienes un certificado de defunción, el pecado no puede dominarte. Nosotros no somos víctimas del pecado. ¡El pecado no puede dominarnos! Si nosotros no cedemos al pecado, nunca tenemos que pecar porque él ya no tiene una posición de autoridad en nuestras vidas.

Cuando yo era drogadicta, obedecía los mandatos controladores y manipuladores del pecado. La adicción me dominaba, diciéndome que hacer. Yo obedecía lo que la adicción me ordenaba hacer. Pero cuando yo fui crucificada con Cristo, Dios me liberó de servir al pecado.

> *Sabiendo esto, que nuestro viejo hombre fue crucificado juntamente con él, para que el cuerpo del pecado sea destruido, a fin de que no sirvamos más al pecado* (Romanos 6:6).

Romanos 6:6 en La Biblia Amplificada en inglés dice: *«sabemos que nuestro viejo yo (no renovado) fue clavado en la cruz con Él...»*.

En la Traducción de la Palabra de Dios en inglés, se lee: *«sabemos que la persona que solíamos ser fue crucificada con él...»*.

El viejo yo ha fallecido, y puedo testificar: "he sido crucificada, y mi viejo yo está muerto. El castigo por mi pecado ha sido pagado en su totalidad. Tengo un certificado de defunción para el viejo yo".

Si el pecado me presiona, puedo resistirlo. No tengo ninguna obligación de servir al pecado. Pero esta resistencia comienza con saber que estoy muerta al pecado.

> *Así también ustedes, considérense muertos al pecado pero vivos para Dios en Cristo Jesús, nuestro Señor. Por lo tanto, no permitan ustedes que el pecado reine en su cuerpo mortal, ni lo obedezcan en sus malos deseos. Tampoco presenten sus miembros al pecado como instrumentos de iniquidad, sino preséntense ustedes mismos a Dios como vivos de entre los muertos, y presenten sus miembros a Dios como instrumentos de justicia. El pecado ya no tendrá poder sobre ustedes, pues ya no están bajo la ley sino bajo la gracia* (Romanos 6:11-14 RVC).

¿Viste nuestras instrucciones en esos versículos? Primero, vemos, «... *considérense...*». ¡ Este es un término contable! Significa que debemos conciliar la cuenta y mirar el saldo después de que se registren todos los débitos y créditos. Cuando tenemos en cuenta la cruz y la sangre de Jesús, nuestra cuenta de pecado se equilibrará en cero.

Por lo tanto, ten en cuenta el hecho de que eres «... *muerto al pecado*». Me encanta cómo se presenta esta frase en El Nuevo Testamento: Una traducción expandida por Kenneth Wuest en inglés. Dice: «*Cuente constantemente con el hecho de que... ustedes son los que han sido separados de la naturaleza pecaminosa...»*. ¡Nosotros necesitamos estar tan conscientes del hecho de que fuimos crucificados con Cristo que consideramos Su victoria sobre el pecado como nuestra victoria también!

Paso #2 Encuentra dónde estás enterrado

Si se ha emitido un certificado de defunción para demostrar que estamos muertos, parece apropiado que haya un lugar donde estemos enterrados. La Biblia proporciona pruebas de que fuimos sepultados con Jesucristo.

> *Porque por el bautismo fuimos sepultados con él en su muerte, para que así como Cristo resucitó de los muertos por la gloria del Padre, así también nosotros vivamos una vida nueva* (Romanos 6:4 RVC).

La Traducción de la Palabra de Dios en inglés dice: *«cuando fuimos bautizados en su muerte, fuimos colocados en la tumba con él...»*. Si fuiste bautizado, has sido enterrado en la tumba con Jesús. Ahora tienes la confirmación de que la persona que eras antes de Cristo está muerta y enterrada.

Paso #3 Obtén tu nueva acta de nacimiento

Este mismo versículo dice que fuimos resucitados de entre los muertos: *«... así como Cristo resucitó de entre los muertos por la gloria del Padre»*. Cuando Jesús fue resucitado de la muerte espiritual, nosotros también fuimos resucitados de la muerte espiritual y resucitados a Su nueva vida. Nuestra fe en lo que Dios hizo a través de Jesús y lo que Jesús hizo por nosotros es evidencia legal para probar que estamos vivos para Dios.

Debido a que estamos muertos al pecado y vivos en Cristo, podemos vivir de manera diferente. Podemos caminar en la nueva vida en Cristo en lugar de la vida culpable y llena de vergüenza del pasado.

> *Por lo tanto, fuimos sepultados con Él por el bautismo en la muerte, para que así como Cristo resucitó de entre los muertos por el glorioso [poder] del Padre, así también nosotros podamos [habitualmente] vivir y comportarnos en la novedad de la vida. Porque si nos hemos vuelto uno con Él al compartir una muerte como la suya, también seremos [uno con Él al compartir] Su resurrección [por una nueva vida vivida para Dios]* (Romanos 6:4-5 AMPC).

Note la frase que se encuentra en el versículo 4, *«así también nosotros podamos [habitualmente] vivir y comportarnos en la novedad de la vida»*. Dios nos levantó de la muerte de nuestro pasado pecaminoso para que podamos vivir y comportarnos habitualmente como la nueva persona que somos en Cristo.

Paso #4 Actualiza la dirección en tu identificación.

Si te mudas, debes tomar un comprobante de tu nueva residencia y actualizar tu tarjeta de identificación. Mientras estás estableciendo tu nueva tarjeta de identificación en el reino de Dios, no pongas tu antigua dirección. Asegúrate de presentar Efesios 2:6 para probar tu nueva posición.

> *Y también junto con él nos resucitó, y asimismo nos sentó al lado de Cristo Jesús en los lugares celestiales* (Efesios 2:6 RVC).

Estos documentos prueban que has sido crucificado, sepultado, resucitado y sentado juntamente con Cristo Jesús. Saca tu acta de nacimiento espiritual y medita en quién eres ahora, en Cristo. Establece la Palabra de Dios como tu realidad, y deja que tu verdadera identidad guíe tu actitud, acciones y decisiones.

Tú no eres un producto de lo que te sucedió. No eres lo que otras personas han dicho de ti, y no eres lo que hiciste o dejaste de hacer. Tú eres quien Dios dice que eres, crucificado con Cristo, enterrado en Su muerte, resucitado en Su nueva vida, y sentado junto con Él en autoridad.

Haz algo

1. Haz una lista de las Escrituras que te ayuden a aclarar tu identidad en Cristo. Léelas en voz alta todos los días y hazlas personales.

Por ejemplo, Romanos 6 dice que el viejo yo fue crucificado con Cristo. De ahora en adelante, no sirvo al pecado. Soy una nueva criatura en Cristo Jesús, y he nacido de Dios (Romanos 6:6, 2 Corintios 5:17).

2. Pídele al Señor que te ayude a identificar áreas específicas en la forma en que te ves a ti mismo que estén en conflicto con quién eres en Cristo. Por ejemplo, si crees que eres un fracaso o que nunca llegarás a nada, busca las Escrituras que te llaman victorioso.
    a. Somos más que vencedores (Romanos 8:37).
    b. Dios nos da la victoria por medio de nuestro Señor Jesucristo (1 Corintios 15:57).
    c. Dios siempre nos hace triunfar en Cristo (2 Corintios 2:14).

Mi declaración

Hoy, y todos los días, estoy decidida a verme como Dios me creó en Cristo Jesús. Yo someto mi mente, voluntad y emociones a la autoridad de la Palabra de Dios, y resisto el ataque de los pensamientos del enemigo para confundirme. Soy justa porque Jesús se convirtió en pecado por mí para que yo fuera hecha la justicia de Dios en Él

> (2 Corintios 5:21). *Soy una hija de Dios, y tengo una herencia completa con Jesucristo* (Juan 1:12, Romanos 8:14-17, Gálatas 3:26). *Dios me ha dado sabiduría, revelación y fortaleza en mi ser interior* (Efesios 1:17-18; 3:16). *Yo decido verme con la nueva identidad que Cristo Jesús ha provisto para mí.*

Orando por alguien que amas

Una de las cosas más valiosas que puedes proporcionar a tu ser querido es un suministro de oración. Al usar tu fe y aplicar lo que sabes acerca de la voluntad de Dios para ellos, tú puedes hacer que un poder tremendo esté disponible y que sea dinámico en su funcionamiento (Santiago 5:16 AMPC). Aquí hay algunos puntos vitales que puedes orar para que ellos reciban:

> *Padre, en el nombre de Jesús, me acerco a Tu trono para recibir ayuda para mi ser querido. Pido que la luz del Evangelio de Jesucristo brille intensamente en los ojos de su entendimiento, haciendo que vea claramente Tu amor y el plan que Tienes para su vida. Al aceptar a Jesucristo como su Señor y Salvador, te pido que Tú lo guíes a través de Tu Palabra para verse a sí mismo como una nueva criatura en Cristo, libre del pecado de su pasado y vivo con Tu propia vida. Como Tu*

representante, ejerzo dominio sobre Satanás, el dios de este mundo, y rompo el control del engaño y las mentiras que han obrado para mantener a mi ser querido en esclavitud. Te doy gracias, Padre, porque la senda de mi ser querido es como la luz de la aurora que va en aumento más y más brillante (Proverbios 4:18).

CAPÍTULO TRECE

FUNDAMENTO #2 APRENDE A OÍR A DIOS EN SU PALABRA

La primera vez que escuché a alguien decir: "el Señor me habló", yo pensé que eran extraños. Mi primer pensamiento fue: *¿En serio? ¿"Oíste" de Dios? ¡No creo!* Pero fue una frase que seguía escuchando en conversaciones regulares con las personas que asistían a nuestra iglesia.

Decían cosas como: "estaba orando, y el Señor me dijo" o "el Señor habló a mi corazón". Una vez que superé el shock, sentí curiosidad y también quería saber cómo escuchar de Él. Si alguien necesitaba escuchar a Dios, ¡era yo! Entonces, le pregunté a la gente de la iglesia. Si yo pensaba que ellos tenían algún conocimiento espiritual, yo lo mencionaba en una conversación. "¿Cómo oyes de Dios?" Lamentablemente, muy pocas personas ofrecieron algún consejo. La mayoría de la gente me dijo "solo escucha".

Una de las pocas personas que ofreció una respuesta me dijo: «después de orar, siéntate en silencio y deja que Dios hable».

Yo hice mis oraciones a la mañana siguiente y luego me senté en silencio, esperando escuchar a Dios hablar. Traté de escuchar con mis oídos y no escuché nada. Intenté esto durante unos días sin tener ningún éxito.

Reconociendo la voz de Dios por medio de Su Palabra

Pero no me rendí. En cambio, seguí preguntando a diferentes personas cómo escuchar la voz de Dios. Finalmente, le pregunté a la esposa de mi pastor, quien realmente me ayudó. Ella me dijo: "Michelle, si aprendes a reconocer la voz de Dios leyendo lo que Él ya ha hablado en Su Palabra, lo reconocerás cuando Él le hable a tu espíritu". Ella me explicó que la voz del Espíritu de Dios NUNCA contradiría la Palabra escrita. Ella me animó a dejar que la Palabra de Dios fuera mi fundamento. Al hacer esto, facilitaría que el Espíritu de Dios me guiara.

Entonces, en lugar de sentarme en silencio en una habitación, esperando que la voz de Dios sonara en mis tímpanos, comencé a poner Sus palabras en mi corazón. Para mi sorpresa, ¡la Palabra de Dios comenzó a hablarme! Encontré respuestas mientras leía. Dios me consoló con las Escrituras y trajo luz a las situaciones conforme yo veía Sus instrucciones.

La primera vez que Dios me habló a través de Su Palabra sigue siendo muy vívidamente claro para mí. ¡Yo no tenía mucho tiempo de ser salva, y las situaciones que rodeaban mi vida eran un desastre! Uno de los miembros de la familia que estaba enfurecido porque estaba tratando de obtener la custodia de mis hijos había amenazado con dispararme. Ellos poseían un arma y sabían cómo dispararla, así que estaba lidiando con el miedo producido por su amenaza.

Después, alguien se metió en su casa y robó la urna que contenía los restos de Bo, y me acusaron de haberlo hecho. Yo traté de convencerlos de que yo era inocente. ¡Había estado en la iglesia toda la noche, por el amor de Dios! Pero no me creyeron y comenzaron a decir: "vamos a ir ahora mismo. Si no nos das la urna, te vamos a matar".

Yo todavía vivía con los amigos que me habían hablado de Cristo y me habían llevado a la iglesia. Ellos no estaban tan preocupados por las amenazas. Oraron conmigo y se fueron a la cama a dormir, dejándome sola en la sala con miedo.

Yo extendí mi sábana y cobija en el sofá y acomodé mi almohada, tratando de evitar que mi mente pensara en el veneno de sus voces. Con cada auto que pasaba, mi corazón se aceleraba mientras escuchaba si entraba a la cochera. Pensamientos bombardeaban mi mente diciendo: *¿cómo voy a dormir? ¿Qué voy a hacer si vienen aquí exigiendo algo que no tengo.*

Finalmente, decidí abrir mi Biblia. Cuando se abrió sobre mi regazo, las letras se levantaban de la página como si estuvieran bajo una lupa: «*Yo mismo soy su consolador. ¿Quién eres tú para tener miedo de hombres mortales, que son como la paja?*» (Isaías 51:12 RVC). Las palabras derritieron el miedo y el tormento que habían sido tan predominantes momentos antes. La presencia de Dios estaba tan cerca de mí en ese momento cuando Su Palabra me fortaleció. No creo que la voz audible de Dios me hubiera dado más valor o consuelo del que recibí esa noche a través de Su Palabra.

Desde esa noche, me he encontrado con muchas otras ocasiones en que el Señor me ha ministrado a través de Su Palabra. Aunque nunca he abierto mi Biblia y he tenido otra vez una Escritura resaltar como lo hizo esa noche, Dios me ha enseñado cómo conocer Su voz mientras leo o estudio Su Palabra.

Después, cuando el Señor necesitaba hablar cosas específicas a mi corazón, yo reconocía que era la misma voz que me había hablado a través de la Biblia. Yo podía confiar y responder con seguridad porque ya lo había estado siguiendo.

La Palabra provee nuestra estabilidad

> *En tus tiempos reinarán la sabiduría y la ciencia, y mucha salvación; el temor a ti, Señor, será el tesoro de tu pueblo* (Isaías 33:6 RVC).

Desde el comienzo de mi caminar con Dios, Él me enseñó a ver Su Palabra de una manera en la que nunca había pensado antes de ser salva. Yo sabía que la Biblia era un libro "diferente", un libro que mi abuela leía. Pero nunca había considerado que fuera algo que Yo necesitara leer.

A pesar de que era una buena lectora, fui intimidada por la versión Reina Valera 1960, usando palabras como *vosotros, os, hicisteis y dijisteis.* Además, yo no estaba segura *por dónde* empezar a leer. ¿Empiezo por el principio? ¿Empiezo con el Nuevo Testamento? Puede ser frustrante para alguien nuevo en las cosas de Dios decirles que necesitan leer su Biblia todos los días. Pero Dios me ayudó mostrándome cuán valiosa es Su Palabra para la estabilidad de mi vida.

Aunque yo estaba muy agradecida de estar libre de las drogas, estaba aún más agradecida de estar libre de la culpa y la vergüenza. La destrucción que una vez era la fuerza que movía mi vida se había ido, y tenía una paz que nunca había conocido. ¡Yo no quería perder esa paz!

Dios me reveló algo en Su Palabra que me hizo darme cuenta de que necesitaba mantenerme llena de la Palabra, que me protege de que el enemigo pueda entrar de nuevo en mi vida. En el siguiente texto, Jesús nos está enseñando cómo opera el adversario.

> *Sin embargo, tan pronto como el espíritu inmundo se ha ido del hombre, entonces deambula por lugares donde no hay agua, buscando descanso pero sin encontrar ninguno. Entonces dice: "volveré a mi casa que dejé"; y viene y la encuentra desocupada, limpia y en buen estado. Luego va y trae consigo a otros siete espíritus más malvados que él, y entran y habitan allí; y al final la condición de ese hombre se vuelve peor de lo que era al principio* (Mateo 12:43-45 WNT en inglés).

Jesús nos enseñó los métodos de ataque del enemigo para que podamos estar en guardia contra un contraataque. El Señor explica que el enemigo regresará, buscando ver si hay algún espacio para que regrese a la vida de esa persona. En el versículo 44, usa la palabra *desocupada*. La Biblia en inglés básico dice: «... *ve que no hay nadie en él o ella...*».

Cuando yo entendí esto, ¡decidí que no quería que el diablo me viera y me encontrara vacía! Yo quería saber: "¿cómo puedo mantenerme llena de Dios?". Descubrí que necesitaba desarrollar una relación con la Palabra de Dios. La Biblia no es sólo un libro acerca de Dios. ¡La Palabra es Dios! La Biblia es Dios hablándonos. ¡La Palabra de Dios está viva! Antes de que Jesús tuviera un cuerpo, Él existía como la Palabra de Dios.

> *En el principio ya existía la Palabra. La Palabra estaba con Dios, y Dios mismo era la Palabra* (Juan 1:1 RVC).
>
> *Y la Palabra se hizo carne, y habitó entre nosotros, y vimos su gloria (la gloria que corresponde al unigénito del Padre), en plenitud de gracia y de verdad* (Juan 1:14 RVC).

Nosotros podemos conocer a Dios a través de Su Palabra y crecer en nuestra relación con Él al interactuar con Su Palabra. Dios estableció Su Palabra como el método para revelar y transmitir Su voluntad en nuestras vidas.

La Palabra de Dios es espíritu y es vida

La capacidad sobrenatural y la vida de Dios están contenidas en la Palabra de Dios. Dios puso Su vida en Su Palabra para que Él pudiera distribuirnos esa vida a nosotros.

> *En él estaba la vida, y la vida era la luz de los hombres* (Juan 1:4).

Mientras que la Biblia incluye los planes de Dios, Su amor por nosotros y Su voluntad, la Palabra de Dios está viva. Según Hebreos 4:12 (NTV), «*... la palabra de Dios es viva y poderosa...*».

Debemos cuidar que nuestra lectura de la Palabra de Dios no sea de la misma manera que nos desplazamos por las redes sociales o escaneamos la página de un periódico. La Palabra de Dios merece un enfoque santo. Debemos abrir nuestras Biblias con este pensamiento en nuestra mente: *Esto es Dios hablándome.*

La Palabra de Dios no está viva con el tipo de vida temporal como el de un animal o una planta, sino con la vida eterna. La palabra eterna describe algo que nunca está disminuyendo en poder y nunca disminuye en valor. *El Diccionario Expositivo de Palabras del Nuevo Testamento Vine's* usa la siguiente frase para describir lo *eterno*: "personas y cosas que en su naturaleza son infinitas". Por ejemplo, la sangre de Jesús es eterna porque nunca disminuirá en valor.

Dios usa Sus palabras para transmitirnos Su vida eterna, para que podamos vivir un tipo de vida que "nunca disminuye en poder, nunca disminuye en valor" por Su Palabra.

> *El espíritu es el que da vida; la carne para nada aprovecha. Las palabras que yo les he hablado son espíritu y son vida* (Juan 6:63 RVC).

El poder de Dios que reside en Sus palabras es la clave para nuestro éxito en la vida. Cuando Jesús citó Deuteronomio 8:3 (RVC), diciendo: *«no sólo de pan vive el hombre, sino que vive de todo lo que sale de la boca del Señor»*, él estaba identificando nuestra nutrición espiritual. ¡Nosotros necesitamos la Palabra de Dios más de lo que necesitamos alimentos naturales! La Palabra de Dios contiene lo que necesitamos para cumplir el plan de Dios.

Al instruir a Josué, el Señor le dijo que mantuviera la Palabra en Su boca. La palabra *meditar* del Antiguo Testamento incluye el significado de "murmurar".

> *Nunca se apartará de tu boca este libro de la ley, sino que de día y de noche meditarás en él, para que guardes y hagas conforme a todo lo que en él está escrito; porque entonces harás prosperar tu camino, y todo te saldrá bien* (Josué 1:8).

Si tú tienes la Palabra en tu boca, tienes posesión de ella. Estás "sosteniendo" espiritualmente esa promesa mientras te la murmuras a ti mismo. Proverbios 18:21 dice que la muerte y la vida están en el poder de la lengua. La palabra *poder* también se define como *mano.*

¡Tu espíritu nacido de nuevo tiene una mano! Con esa mano espiritual de la lengua, puedes sostener cosas espirituales. Es posible que no puedas palpar la paz con tu mano física, pero puedes colocar Isaías 26:3 en tu boca y sostenerla con tu mano espiritual, diciendo: "Tú me guardarás en completa paz porque mi pensamiento en ti persevera; porque en ti he confiado". ¿Te diste cuenta de que el Señor le dijo a Josué: *«... harás prosperar tu camino»?* El resultado de Josué no dependía enteramente de Dios; dependía de lo que Josué hiciera con la Palabra de Dios.

Lo que sucede en *nuestras* vidas tampoco depende enteramente de Dios. Nosotros podemos elegir meditar en Su Palabra, día y noche, hasta que tengamos la imagen interna de Su plan impresa en nuestros corazones. Entonces, caminaremos en Su éxito.

> *Bienaventurado el hombre que no anda en compañía de malvados, ni se detiene a hablar con pecadores, ni se sienta a conversar con blasfemos. Que, por el contrario, se deleita en la ley del Señor, y día y noche medita en ella. Ese hombre es como un árbol plantado junto a los arroyos: llegado el momento da su fruto, y sus hojas no se marchitan. ¡En todo lo que hace, prospera!* (Salmo 1:1-3 RVC).

Una vez más, las Escrituras señalan que la Palabra sienta las bases para nuestra productividad, longevidad y éxito. Entonces, si quieres prosperar, ¡aquí está la clave! ¡La Palabra de Dios es espíritu y vida!

Nosotros podemos encontrar la voluntad de Dios para cada detalle y decisión de nuestras vidas en Su Palabra. Cuanto más entendemos de Dios y Sus caminos, más nos alineamos con exactitud a Su plan.

¡Eso me ha pasado a mí! Todos los días, camino en más de la Palabra de Dios de lo que vi o entendí el día anterior. El Señor me está guiando y enseñando, línea por línea, precepto por precepto, aquí un poco, allá un poco. Como resultado, mi vida se fortalece y las cosas siguen mejorando.

Si Jesús es Señor, Su Palabra gobierna

Puesto que Jesús es mi Señor, Su Palabra debe tener la autoridad para gobernar mis acciones, pensamientos y decisiones. Si Su Palabra no tiene autoridad en mi vida, ¿estoy realmente sometida a Jesús? El Señor preguntó en Lucas 6:46 (NVI): *«¿Por qué me llaman ustedes "Señor, Señor", y no hacen lo que les digo?»*. Tal vez hayas escuchado el dicho: "no sabes si algo es bueno hasta que lo pones a prueba". En otras palabras, probamos la posición que Jesús tiene en nuestras vidas por la forma en que obedecemos Sus instrucciones.

Por ejemplo, Jesús dijo: *«Y siempre que estés orando, si tienes algo en contra de alguien, perdónalo y olvídalo (abandónalo, déjalo ir), para que tu Padre que está en los cielos también te perdone tus [propias] faltas y defectos y los deje caer»* (Marcos 11:25 AMPC). Si yo me aferro al rencor y me niego a perdonar a alguien, no me estoy sometiendo a Jesús. Él dijo: *«... si tienes algo en contra de alguien»*. No importa lo mucho que alguien me haya lastimado, yo quiero someterme a Jesús más que aferrarme a la falta de perdón.

En otra enseñanza, Jesús nos dijo que no nos preocupáramos. ¿Nos gobierna la Palabra en lo que respecta a la preocupación? ¿Tengo el "derecho" a preocuparme?

> *Por lo tanto no se preocupen y estén ansiosos, diciendo, ¿Qué vamos a tener para comer? o, ¿Qué vamos a tener para beber? o, ¿Qué vamos a tener para ponernos? Porque los gentiles (paganos) desean, anhelan y buscan diligentemente todas estas cosas, y su Padre celestial sabe bien que las necesitan todas. Pero busquen (apunten a y esfuércense por) en primer lugar Su reino y Su justicia (Su forma de hacer y ser correcto), y entonces todas estas cosas tomadas en conjunto te serán dadas además de. Así que no te preocupes ni estés ansioso por el mañana, porque mañana tendrá preocupaciones y ansiedades propias. Suficiente para cada día es su propio problema* (Mateo 6:31-34 AMPC).

En Filipenses 4:6 (AMPC), la Palabra de Dios dice: *«No se preocupen ni tengan ninguna ansiedad por nada...»*. Esa instrucción no es opcional. No podemos elegir obedecer las partes fáciles y descuidar los mandatos que nos presionan a cambiar. ¡No! Si Jesús es el Señor, Su Palabra nos gobierna.

Las cosas creadas responderán a la Palabra

Todo lo que existe en este universo fue creado por Jesús, la Palabra de Dios.

> *Todas las cosas por él fueron hechas, y sin él nada de lo que ha sido hecho, fue hecho* (Juan 1:3).
>
> *Porque en él fueron creadas todas las cosas, las que hay en los cielos y las que hay en la tierra, visibles e invisibles; sean tronos, sean dominios, sean principados, sean potestades; todo fue creado por medio de él y para él. Y él es antes de todas las cosas, y todas las cosas en él subsisten* (Colosenses 1:16-17).

Debido a que la Palabra es el origen o la sustancia de las cosas creadas, estas cosas responderán a la Palabra cuando la apliquemos correctamente. Dios nos muestra cómo funciona esto en Isaías 55:11.

> *Así será Mi palabra que salga de Mi boca: no volverá a Mí vacía [sin producir ningún efecto, inútil], sino que cumplirá lo que me agrada y me*

> *proponga, y prosperará en la cosa por la cual la envié* (Isaías 55:11 AMPC).

Si bien este es un ejemplo de cómo Dios usa Su Palabra para cambiar una situación, Él quiere que nosotros seamos hábiles en la aplicación de Su Palabra de la misma manera. Una y otra vez, Jesús nos lo demostró al hablar a las cosas naturales, y ellas le obedecieron. En Marcos 4, encontramos que el viento y el mar obedecieron a Jesús cuando Él habló.

> *Y levantándose, reprendió al viento, y dijo al mar: Calla, enmudece. Y cesó el viento, y se hizo grande bonanza. Y les dijo: ¿Por qué estáis así amedrentados? ¿Cómo no tenéis fe? Entonces temieron con gran temor, y se decían el uno al otro: ¿Quién es este, que aun el viento y el mar le obedecen?* (Marcos 4:39-41).

Jesús *reprendió* y *dijo.* Él habló a las cosas, y las cosas le obedecieron. En otro caso, vemos que Jesús incluso habló a una fiebre, y la fiebre le obedeció.

> *Entonces Jesús se levantó y salió de la sinagoga, y entró en casa de Simón. La suegra de Simón tenía una gran fiebre; y le rogaron por ella. E inclinándose hacia ella, reprendió a la fiebre; y la fiebre la dejó, y levantándose ella al instante, les servía* (Lucas 4:38-39).

Demasiados creyentes dejan este uso de palabras para Dios y Jesús. Pero el Señor quiere que nosotros también operemos de esta manera. Él dijo en Mateo 17:20 (NVI): «... *si tuvieran fe tan pequeña como un grano de mostaza, podrían decirle a esta montaña: "Trasládate de aquí para allá", y se trasladaría. Para ustedes nada sería imposible*». Si hablamos Su Palabra, ¡podemos operar Su fe y recibir Sus resultados!

La integridad de la Palabra

> *Tu palabra, Señor, es eterna y está firme en los cielos* (Salmos 119: 89 NVI).

En el idioma original, *estar firme* significa "pararse, ponerse de pie, ser puesto (sobre), establecer".[1] La Palabra de Dios es lo más estable que jamás encontrarás en esta vida. Los vientos de la adversidad no pueden mover la Palabra de Dios. Las luchas y tormentas de la vida no romperán la Palabra.

Jesús revela que Sus palabras son más seguras, más confiables que el cielo sobre nuestras cabezas y la tierra bajo nuestros pies.

> *El cielo y la tierra pasarán, pero mis palabras no pasarán* (Mateo 24:35).

Este es el material de construcción que Dios nos ha dado para establecer nuestras vidas. Estamos diseñados para enmarcar, modelar, arreglar y poner nuestras vidas en orden por la

Palabra de Dios (Hebreos 11:3). La Palabra no cambiará, no se debilitará ni se desmoronará.

Si deseas probar dos tipos de metal para averiguar qué metal es más duradero, tú realizarás una prueba de integridad. Por ejemplo, la integridad del cobre es más débil que la integridad del acero o el hierro. La Palabra de Dios es el material más duradero disponible. En toda prueba de integridad, la Palabra de Dios prevalecerá. Es por eso que tú quieres que tu vida sea construida sobre la Palabra de Dios. Jesús lo dijo de esta manera:

> *Todo aquel que viene a mí, y oye mis palabras y las hace, os indicaré a quién es semejante. Semejante es al hombre que al edificar una casa, cavó y ahondó y puso el fundamento sobre la roca; y cuando vino una inundación, el río dio con ímpetu contra aquella casa, pero no la pudo mover, porque estaba fundada sobre la roca* (Lucas 6:47-48).

Cuando hacemos el esfuerzo de construir nuestras vidas, salud, finanzas, matrimonios y otras relaciones en la Palabra de Dios, tenemos una estabilidad que no se puede encontrar en ningún otro lugar. Las tormentas van a llegar a todos, pero la estabilidad en la tormenta es para aquellos que tienen sus vidas construidas sobre la Palabra.

Permanecer accederá a la abundancia

Jesús dijo que necesitamos *permanecer* en Él, y Sus palabras necesitan permanecer en nosotros. Al leer este pasaje, observa cuántas veces el Señor enfatizó en esa palabra *permanecer.*

> *Permanezcan en mí, y yo en ustedes. Así como el pámpano no puede llevar fruto por sí mismo, si no permanece en la vid, así tampoco ustedes, si no permanecen en mí. Yo soy la vid y ustedes los pámpanos; el que permanece en mí, y yo en él, éste lleva mucho fruto; porque separados de mí ustedes nada pueden hacer. El que no permanece en mí, será desechado como pámpano, y se secará; a éstos se les recoge y se les arroja al fuego, y allí arden. Si permanecen en mí, y mis palabras permanecen en ustedes, pidan todo lo que quieran, y se les concederá. En esto es glorificado mi Padre: en que lleven mucho fruto, y sean así mis discípulos* (Juan 15:4-8 RVC).

¿Cómo permanece Jesús en nosotros? Él permanece en nosotros en la medida en que Sus palabras permanecen en nosotros. Él dijo en el versículo cuatro: «*Permanezcan en mí y yo en ustedes...*». Pero en el versículo siete, Jesús identifica cómo Él permanece en nosotros cuando dice: «*Si permanecen en Mí y Mis palabras permanecen en ustedes...*». ¿Cómo ayudamos a que la Palabra permanezca en nosotros?

¿Alguna vez has estado leyendo la Biblia y pensando por dentro, *¿qué acabo de leer?*. Bueno, yo lo he hecho. Ha habido veces que me ha resultado difícil concentrarme o comprender lo que estaba leyendo. Tuve que aprender a prestar atención a la Palabra de Dios.

> *Hijo mío, presta atención a mis palabras; Inclina tu oído para escuchar mis razones. No las pierdas de vista; guárdalas en lo más profundo de tu corazón. Ellas son vida para quienes las hallan; son la medicina para todo su cuerpo* (Proverbios 4:20-22 RVC).

Llevar la Palabra de Dios a nuestros corazones es el objetivo. Cuando nosotros continuamente escuchamos y leemos la Palabra de Dios, estamos depositando la luz y la vida de esa Palabra en nuestro espíritu nacido de nuevo. Sus palabras son vida y salud para nosotros a medida que entran y fluyen en nuestro corazón. Si la Palabra no se deposita en el corazón, no puede liberar la vida y la luz que contiene.

Si tú depositas un cheque en tu cuenta bancaria, puedes hacer débitos basados en el depósito. Cuando tu cuenta comienza a bajar, necesita otro depósito. Si continúas haciendo débitos espirituales sin depósitos espirituales, te meterás en problemas espirituales.

Hace años, mi esposo y yo decidimos que odiábamos vivir de cheque en cheque. En lugar de hacer un depósito y gastar hasta tener nada antes de recibir el siguiente cheque, establecimos un presupuesto. Vigilamos de cerca nuestros gastos adicionales y mantuvimos cierta cantidad en la cuenta. Debemos hacer lo mismo con nuestro suministro de palabras. Si nosotros mantenemos depósitos diarios, ¡no estaremos sobregirados en nuestro suministro espiritual!

Nosotros queremos una plenitud de la Palabra como Jesús habló en Mateo 12:34 (RVC), cuando dijo: «*... porque de la abundancia del corazón habla la boca*». Este versículo nos muestra cómo sabremos cuándo el corazón está lleno. ¡La boca hablará!

Haz algo

1. Desarrolla la disciplina de pasar tiempo en la Palabra de Dios todos los días. Proverbios 4:20-22 dice que la Palabra necesita estar en nuestros ojos, en nuestros oídos y en nuestros corazones. Agrega Josué 1:8 a la lista para incluir el poner la Palabra en tu boca.

    a. Carga podcasts de predicaciones en tu teléfono o tableta. Si tu iglesia tiene un canal de YouTube o Roku, suscríbete a él. Cuando conduzcas, escucha la predicación de la Palabra. En lugar de hacer un maratón de programas de televisión, pon la Palabra de Dios en tu corazón. Toma notas o haz un borrador de la enseñanza para que puedas estudiarla de nuevo.

b. En lugar de tratar de leer varios capítulos, presta atención a cosas específicas que el Señor te está pidiendo que aprendas. Por ejemplo, si necesitas saber más acerca de la justica, busca enseñanzas o versículos sobre el tema de la justicia

2. Haz el compromiso con el Señor de ser un hacedor de la Palabra. Deja que la Palabra de Dios te dirija y te corrija. Por ejemplo, cuando Malaquías 3:10 te habla de traer tu diezmo, la primera décima parte de tus ingresos, no busques razones por las que no deberías hacerlo (por ejemplo: el diezmo no es válido, yo necesito mi dinero más de lo que Dios necesita mi dinero, eso es del Antiguo Testamento, etc.). Todo ese razonamiento mental te impedirá la bendición de ser un hacedor de la Palabra de Dios.

Mi declaración

Yo me comprometo a prestar atención y a enfocarme en la Palabra de Dios y a alimentar mi espíritu nacido de nuevo con la Palabra de Dios continuamente. Considero que las palabras de la boca de Dios son más preciadas para mí que la comida (Job 23:12 RVC). *La Palabra de Dios es vida para mí, y yo guardaré la Palabra de Dios en mi corazón para no pecar contra Él* (Proverbios 4:22, Salmo 119:11). *Al escuchar las palabras de Dios y recibir Sus razones, caminaré por los caminos de la sabiduría, mis pasos no se estrecharán y no tropezaré* (Proverbios 4:10-12). *¡Me comprometo a ser un hacedor de la Palabra de Dios!*

Orando por alguien que amas

Al orar por la fortaleza espiritual de mi ser querido, vengo a Ti en el nombre de Jesús. Te pido específicamente que lo fortalezcas, completes y perfecciones, haciéndolo lo que debe ser, equipándolo con todo lo bueno para que pueda llevar a cabo Tu voluntad. Te doy gracias porque estás obrando en la vida de mi ser querido para lograr lo que es agradable a Tus ojos (Hebreos 13:21). *Señor, ayuda a mi ser querido a aprender a confiar en Tu Palabra como fuente de luz para sus decisiones y como nutrición espiritual para ayudarlo a crecer en Cristo. Envía personas en su camino para confirmar la Palabra que ya le has hablado. Te pido que le concedas audacia para actuar de acuerdo con la Palabra de Dios así como le sea revelada.*

Nota

1. Strong, James. "H5324 nāṣab̲." *La Concordancia Exhaustiva Ampliada de la Biblia de The New Strong.* Letra roja. Thomas Nelson, 2010.

CAPÍTULO CATORCE

FUNDAMENTO #3 APLICA LA SANGRE CORRECTAMENTE

La primera vez que escuché un sermón sobre la sangre de Jesús, pensé, *¿por qué estamos hablando de sangre en la iglesia?* Me tomó un poco de tiempo hacerme a la idea de que el predicador hablara sobre sangre, sacrificios de animales y que Abraham llevara a Isaac a un altar. Me alegro de no haber seguido el impulso de dejar ese servicio.

Lo que he aprendido acerca de la sangre de Jesús me ha dado libertad sobrenatural de la culpa y la vergüenza. Debido a mi fe en la sangre de Jesús, tengo confianza para comunicarme con Dios y valentía cuando trato con el enemigo.

Al final de mi testimonio, compartí con ustedes dos experiencias que sucedieron después de que fui salva. Después de que Philip y yo nos casamos, estábamos esperando nuestro primer hijo, que perdimos en un aborto espontáneo. Philip quería creer que Dios nos ayudaría, pero la vergüenza obstaculizó mi fe.

Me vino a la mente la idea de que eso estaba sucediendo debido al aborto que había ocurrido años antes. A pesar de que yo sabía que Jesús me había perdonado, liberándome de la culpa del aborto, todavía estaba avergonzada.

La segunda experiencia ocurrió unos años más tarde. Yo había crecido en la Palabra y tuve una respuesta diferente en una situación similar. Cuando nació nuestra siguiente hija, ella experimentó un trauma en el canal de parto que causó el colapso de su pulmón. En ese momento, no sabíamos lo que había sucedido. Solo veíamos cómo su piel se volvía azul mientras ella luchaba para respirar. Luego, las enfermeras la sacaron de la habitación, y finalmente la enviaron al hospital infantil local, donde permaneció en la UCI durante más de una semana.

Pero la sangre de Jesús es lo que marcó la diferencia en la victoria que experimentamos en la segunda situación. En una situación, cedí a la vergüenza, pero en la otra, me mantuve en la fe. Quiero compartir con ustedes lo que aprendí porque es una parte vital de mi progreso.

La sangre de Jesús no debe usarse solo una vez cuando nacemos de nuevo. En cambio, la sangre de Jesús debe ser una parte constante de nuestra actividad espiritual.

Hay una diferencia entre la culpa y la vergüenza, y la sangre de Jesús que es el arma que usamos contra ambas. Esta verdad me ayudó a liberarme de la vergüenza que todavía estaba cargando de mi pasado, la vergüenza que me hizo alejarme de la ayuda de Dios.

La diferencia entre la culpa y la vergüenza

La culpa proviene de una ofensa o violación, el resultado de lo que sea que hayas hecho que estuvo mal. La culpa es la posición en la que tu acción o transgresión te ha colocado. Una persona puede ser declarada culpable de cometer una violación o delito. Y si, por ejemplo, tu confiesas algo malo que has hecho, dirías: "soy culpable". Al hacerlo, estarías describiendo el estado en el que tu transgresión te ha colocado.

Pero la vergüenza es el sentimiento o dolor emocional en tu conciencia que es causado por tu culpa o la culpa de otra persona que te ha violado. Puedes sentir y experimentar vergüenza. Pero la vergüenza no solo se siente en tus emociones. Tu mente subconscientemente también experimenta una sensación de vergüenza. Es un sentimiento doloroso que llega a tus pensamientos, percepciones e incluso puede estar pegado a tus recuerdos.

Tanto la culpa como la vergüenza obstaculizan nuestro acercamiento a Dios, pero de dos maneras diferentes. La culpa afecta específicamente la forma en que Dios puede relacionarse con nosotros, mientras que la vergüenza afecta la forma en que nosotros nos relacionamos con Dios. Cuando yo entregué mi vida por primera vez a Jesucristo, puse exitosamente mi fe en la sangre de Jesús creyendo que estaba libre del veredicto de culpa. Yo creí que Jesús pagó el precio por los pecados que yo había cometido y que no fueron puestos a mi cargo.

Pero me había detenido en esa primera aplicación de la sangre de Jesús y nunca liberé la fe en Su sangre para limpiar mi conciencia. Es por eso que la vergüenza todavía estaba trabajando activamente en mi vida. Dios podía alcanzarme, pero yo estaba teniendo problemas para conectarme con Dios.

La vergüenza permaneció oculta en mi mente subconscientemente. Entonces, cada vez que yo sentía o experimentaba vergüenza, me preguntaba: *¿Qué hice? ¿Dónde pequé?*. Iba al altar a arrepentirme mucho en esos días. Me estaba arrepintiendo por la forma en que me sentía, tratando de eliminar el sentimiento vergonzoso con el mismo método que había usado para eliminar la culpa.

Nosotros tenemos un gran ejemplo de las dos diferentes aplicaciones de sangre en la Biblia ilustradas en los sacrificios y ceremonias del Antiguo Testamento. Bajo el Antiguo Pacto, había una diferencia en la forma en que las personas lidiaban con su culpa en comparación con la forma en que lidiaban con el ser impuros, la condición vergonzosa causada por su culpa. Ellos tenían que ofrecer un sacrificio por su culpa. Pero había un método diferente utilizado para lidiar con su condición inmunda: la vergüenza.

El castigo pagado

Primero, veamos cómo Jesús lidió con nuestra culpa. La culpa requiere juicio. Debido a que Dios es justo, Él no puede pretender que el acto que causó nuestra culpa nunca sucedió.

El castigo por la culpa causada por el pecado es la muerte. Ninguno de nosotros tenía una oportunidad porque todos éramos culpables de pecado. Es por eso que Jesús dejó Su posición en el cielo y voluntariamente vino a la tierra como un hombre. Él era el único capaz de morir y pagar este precio.

Dios creó al primer hombre y lo colocó en el Jardín del Edén con la instrucción de: «*Sean fructíferos y multiplíquense*» (Génesis 1:22 NTV). Toda persona nacida en el linaje de Adán tendría sus características fundamentales.

Pero antes de que Adán se reprodujera, pecó. El pecado ahora sería transmitido a cada persona nacida a través de su linaje. Cada hombre, mujer y niño nació en el linaje pecaminoso de Adán. Todos merecíamos morir y debíamos nuestras vidas en pago por nuestros pecados.

Dios entonces envió a Jesús como un hombre. La Biblia llama a Jesús "el último Adán".

> *Así está escrito, El primer hombre Adán se convirtió en un ser vivo (una personalidad individual); el último Adán (Cristo) se convirtió en un Espíritu vivificante [restaurando los muertos a vida]* (1 Corintios 15:45 AMPC).

Cuando nosotros recibimos a Jesús como Señor de nuestras vidas, renacemos de acuerdo con el modelo de Jesús y con Sus características. Ahora tenemos Sus atributos de justicia y santidad. Salimos de la "línea de montaje espiritual" con las mismas cualidades que Jesucristo. Éramos pecadores como el primer Adán, pero ahora somos justos como el último Adán.

> *Y así como hemos llevado la imagen [del hombre] de polvo, así nosotros y así también llevaremos la imagen [del Hombre] del cielo* (1 Corintios 15:49 AMPC).

Para proporcionar la conexión espiritual para nuestro renacimiento, Jesús, el último Adán, tuvo que deshacer lo que hizo el primer Adán. Jesús tuvo que recuperar lo que Adán perdió tratando con la culpa que Adán causó y nos pasó.

Recuerda, la culpa requiere juicio, y Jesús tuvo que morir para pagar la pena. Ninguna otra persona podría morir y alcanzar lo que la muerte del Hijo sin pecado de Dios logró. Jesús sufrió la muerte por cada persona. Él hizo esto para darnos la oportunidad de recibir la vida y la naturaleza de Dios.

En el Antiguo Testamento, la muerte del animal en el altar sustituía la muerte de la persona. Pero esta sustitución solo duraba un año. La gente tenía que regresar al año siguiente con otro animal y volver a pasar por el mismo proceso de sustitución.

Además, la gente solo cubría su pecado porque la sangre de un animal no era lo suficientemente valiosa como para pagar para que su pecado fuera completamente limpiado de una vez por todas.

> *El sistema antiguo bajo la ley de Moisés era solo una sombra —un tenue anticipo de las cosas buenas por venir— no las cosas buenas en sí mismas. Bajo aquel sistema se repetían los sacrificios una y otra vez, año tras año, pero nunca pudieron limpiar por completo a quienes venían a adorar* (Hebreos 10:1 NTV).

Como la gente nunca pudo limpiar completamente el pecado, nunca pudieron relacionarse con Dios de la manera que Él quería. La culpa siempre se interponía en su camino, y la vergüenza estaba incrustada en lo profundo de su conciencia. Se percibían a sí mismos como inaceptables e impuros.

> *Si los sacrificios hubieran podido limpiar por completo, entonces habrían dejado de ofrecerlos, porque los adoradores se habrían purificado una sola vez y para siempre, y habrían desaparecido los sentimientos de culpa* (Hebreos 10:2 NTV).

El Hijo perfecto de Dios sabía esto y voluntariamente se ofreció a cambiar la situación. Jesús sabía que Su Padre Celestial quería tener una fuerte relación personal con cada persona. Dios quería la libertad para amarnos como a Sus propios hijos. Él quería que cada persona tuviera la libertad de disfrutar y participar en esta relación sin alguna presencia de culpa o sensación de vergüenza.

En el capítulo 10 de Hebreos, vemos la conversación que Jesús tuvo con el Padre:

> *Por eso, cuando Cristo vino al mundo, le dijo a Dios: «No quisiste sacrificios de animales ni ofrendas por el pecado. Pero me has dado un cuerpo para ofrecer. No te agradaron las ofrendas quemadas ni otras ofrendas por el pecado. Luego dije: "Aquí estoy, oh Dios; he venido a hacer tu voluntad como está escrito acerca de mí en las Escrituras"»* (Hebreos 10:5-7 NTV).

Dios nos amó tanto que estaba dispuesto a ofrecer a Su único Hijo para traernos a Su reino y hacernos Sus hijos. Cuando Dios dio a Jesús, Él sacrificó todo. Jesús era Su único hijo. Pero a través de Jesucristo, Dios podría tener muchos descendientes. Mira esta explicación en el Libro de Isaías:

> *Formaba parte del buen plan del Señor aplastarlo y causarle dolor. Sin embargo, cuando su vida sea entregada en ofrenda por el pecado, tendrá muchos descendientes. Disfrutará de una larga vida, y en sus manos el buen plan del Señor prosperará. Cuando vea todo lo que se logró mediante su angustia, quedará satisfecho. Y a causa de lo que sufrió, mi siervo justo hará posible que muchos sean contados entre los justos, porque él cargará con todos los pecados de ellos. Yo le rendiré los honores de un*

> *soldado victorioso, porque se expuso a la muerte. Fue contado entre los rebeldes. Cargó con los pecados de muchos e intercedió por los transgresores* (Isaías 53:10-12 NTV).

Jesús intercedió por los rebeldes, ¡y yo era una de esos rebeldes! Él recibió el castigo por mi culpa para que yo pudiera recibir Su posición correcta con Dios. Por lo tanto, a Dios le agrada cuando nosotros vivimos nuestras vidas sin culpa porque Jesús murió para comprar esa libertad para nosotros.

La sangre es nuestro acercamiento a Dios

Lo que Dios realmente quería era tener una relación cercana y amorosa con nosotros. Esto sólo ha sido obtenible desde que la sangre de Jesús fue derramada en la cruz. Antes de eso, la capacidad de acercarse a Dios era limitada.

Veamos la forma en que los adoradores del Antiguo Testamento tenían que acercarse a Dios. Al ver su acceso limitado, nosotros podemos darnos cuenta y apreciar cuán mejor es nuestra relación debido a la sangre de Jesús.

La primera referencia a la sangre en la Biblia es insinuada. Cuando Adán y Eva pecaron en el Jardín del Edén, la gloria que una vez los cubría se fue. Ellos se escondieron de Dios porque se dieron cuenta de que estaban desnudos (Génesis 3:8-10). Dios usó pieles de animales para cubrir a Adán y Eva (Génesis 3:21).

Esto significaba que Dios tuvo que derramar la sangre de animales para cubrir la culpa del primer hombre y la primera mujer. Entonces, a pesar de que ellos habían desobedecido a Dios y causado la separación en su relación con Dios, Dios, por amor, aun tuvo cuidado de ellos al proveerles esta cobertura.

La siguiente insinuación de la sangre se ve cuando los hijos de Adán y Eva trajeron ofrendas al Señor.

> *Al llegar el tiempo de la cosecha, Caín presentó algunos de sus cultivos como ofrenda para el Señor. Abel también presentó una ofrenda: las mejores partes de algunos de los corderos que eran primeras crías de su rebaño. El Señor aceptó a Abel y a su ofrenda, pero no aceptó a Caín ni a su ofrenda. Esto hizo que Caín se enojara mucho, y se veía decaído. «¿Por qué estás tan enojado? —preguntó el Señor a Caín—. ¿Por qué te ves tan decaído? Serás aceptado si haces lo correcto, pero si te niegas a hacer lo correcto, entonces, ¡ten cuidado! El pecado está a la puerta, al acecho y ansioso por controlarte; pero tú debes dominarlo y ser su amo»* (Génesis 4:3-7 NTV).

Dios habló con Caín, instruyéndole cómo acercarse a Él. Dios quería aceptar la ofrenda de Caín, pero Caín falló al acercarse a Dios bajo la cobertura de sangre. Caín quería acercarse a Dios por medio de sus esfuerzos. El problema era que los esfuerzos de Caín no podían lavar la culpa del pecado, y todo el arduo trabajo de Caín no podía limpiar la vergüenza.

Dios les dijo a Caín y Abel la manera aceptable de acercarse a Él. En Hebreos 11:4, vemos que Abel fue movido por la fe cuando llevó su sacrificio a Dios.

> *Fue por la fe que Abel presentó a Dios una ofrenda más aceptable que la que presentó Caín. La ofrenda de Abel demostró que era un hombre justo, y Dios aprobó sus ofrendas. Aunque Abel murió hace mucho tiempo, todavía nos habla por su ejemplo de fe* (Hebreos 11:4 NTV).

Dios no estaba jugando favoritos cuando aceptó la ofrenda de Abel y rechazó la de Caín. Más bien, Abel se acercó a Dios con la sangre de sus corderos, como Dios le había instruido que lo hiciera.

Dios estaba operando dentro de los límites que la culpa de la humanidad había puesto en la relación entre Dios y el hombre. Debido a que Dios es santo y la humanidad había caído en pecado, Dios no podía tener la interacción con las personas que Él realmente quería.

En nuestra sociedad, cuando una persona es encarcelada, tiene restricciones en la medida en que puede interactuar con su familia. Los presos tienen poco tiempo y contacto con las personas que aman. Antes de que Jesús derramara Su sangre, el Padre Celestial debió haber sentido que estaba visitando a

Sus hijos en prisión. La culpa mantenía a Dios a distancia de las personas que Él había creado para tener comunión.

Dios realmente amaba a Caín y animó a Caín a acercarse de la manera correcta a Él trayendo la sangre de un animal, como lo había hecho Abel. Dios le dijo a Caín que sería aceptado si hacía lo correcto. De esta manera, Dios le dio a Caín el método para cubrir su culpa.

Una lección de sustitución

> *Porque la vida del cuerpo está en la sangre. Les he dado la sangre sobre el altar con el fin de purificarlos, para hacerlos justos ante el Señor. Es la sangre, dada a cambio de una vida, la que hace posible la purificación* (Levítico 17:11 NTV)
>
> *... porque la sangre contiene vida. Yo les he dado esta sangre para hacer las paces conmigo en el altar. La Sangre es necesaria para hacer las paces conmigo* (Levítico 17:11 GW en inglés).

Dios tuvo que enseñarle a Su pueblo cuál era la razón de la sangre. Él explicó que la vida está en la sangre. Tu sangre es la fuerza de tu vida porque lleva vida a cada parte de tu cuerpo. Si tu sangre fuera derramada de tu cuerpo, tu vida saldría fluyendo con ella.

La sangre del cordero inocente en el altar representaba la vida de ese cordero inocente. Dios dijo: «... *Les he dado la sangre sobre el altar con el fin de purificarlos...»* (Levítico 17:11, NTV). La sangre de Jesús hace las paces con Dios. Pero en el Antiguo Testamento, la sangre animal era una solución temporal.

Sin embargo, la sangre de los animales en los altares terrenales mantuvo a la humanidad conectada con Dios hasta que Jesús, el Cordero de Dios, pudo derramar Su sangre en la cruz, llevarla al altar celestial y asegurar nuestro acercamiento permanente a Dios Padre.

Cuando los adoradores en el Antiguo Testamento traían sus corderos como una ofrenda sacrificial a Dios, lo hacían con el entendimiento de que sus corderos tomaban su lugar. Generalmente, era un cordero criado en su rebaño. Ellos pasaron tiempo con este cordero. Entonces, sacrificar al pequeño cordero en el altar era un momento serio.

Ellos observaban al sacerdote mientras cortaba la garganta del cordero inocente para permitir que la sangre del cordero fluyera hacia el altar. Ellos podrían decir: "el cordero está muriendo en mi lugar. Es la muerte que yo merezco recibir. Soy purificado por la vida del cordero". La inocencia del cordero era intercambiada por su culpabilidad. Se suponía que cada sacrificio invocaba este proceso de pensamiento.

Durante cientos de años, la sangre de corderos inocentes había cubierto la culpa. Entonces, cuando Juan el Bautista declaró: *«He aquí el Cordero de Dios...»*, se entendía el concepto de la sangre. Pero Juan identificó que la sangre del Cordero de Dios lograría lo que la sangre de los corderos terrenales nunca podría hacer cuando declaró: «*que quita el pecado del mundo*» (Juan 1:29).

Jesús no fue enviado a la cruz como castigo por los crímenes que Él había cometido. Jesús era el Cordero inocente tomado por los sacerdotes y llevado al altar. Los sumos sacerdotes y los guardias del templo fueron los que tomaron a Jesús bajo custodia en el Jardín de Getsemaní (Lucas 22:52). Ellos llevaron a Jesús a la casa del Sumo Sacerdote para acusarlo (Lucas 22:54). El Sumo Sacerdote acusó a Jesús de blasfemia (Mateo 26:65). El Sumo Sacerdote entonces hizo que el Sacerdote, y los ancianos llevaran a Jesús a Pilato para su ejecución.

La sangre aplicada a la conciencia

Para ser libres de la culpa, la gente necesitaba el sacrificio de la vida de un animal dado por ellos. Ellos observaban y reconocían que esto era hecho *por* ellos. Pero la limpieza era una acción hecha *para* ellos. La sangre era rociada sobre ellos en una ceremonia diseñada específicamente para purificación.

La gente identificaba que la sangre rociada sobre ellos los purificaría para que pudieran servir a Dios. Pero, en el Nuevo Testamento, se hace una comparación entre esta limpieza por la sangre de los animales y el poder purificador de la sangre de Jesús.

> *La sangre de cabras y toros y las cenizas de vacas rociadas sobre personas inmundas hicieron que sus cuerpos fueran santos y limpios. La sangre*

> *de Cristo, que no tenía ningún defecto, hace aún más. A través del Espíritu eterno se ofreció a Dios y limpió nuestras conciencias de las cosas inútiles que habíamos hecho. Ahora podemos servir al Dios viviente* (Hebreos 9:13-14 GW en inglés).

Jesús murió en la cruz en nuestro lugar, dando su vida por nosotros. Pero esa no es la única conexión que tenemos con Su sangre. Se supone que la sangre es el agente limpiador de nuestras conciencias. Nosotros podemos vivir libres de la vergüenza de nuestro pasado. Podemos vivir libres de la humillación de lo que hemos hecho. Podemos vivir sin el tormento de lo que nos hicieron. Cuando nosotros aprendemos a acceder a este poder purificador por la fe en lo que la Palabra declara, podemos eliminar, lavar y limpiar nuestros pensamientos, emociones y conciencia de la vergüenza de nuestro pasado.

El rocío de la sangre es lo que limpia la conciencia de toda vergüenza y de cualquier sentimiento de culpa del ayer. Dios no quiere que sintamos vergüenza cuando hablamos con Él. Fue la vergüenza lo que hizo que Adán y Eva se alejaran de la presencia de Dios y fue la vergüenza lo que me hizo alejarme de Dios cuando yo más necesitaba Su ayuda.

Pero Hebreos 10:22 (NTV) dice: «*entremos directamente a la presencia de Dios con corazón sincero y con plena confianza en él. Pues nuestra conciencia culpable ha sido rociada con la sangre de Cristo a fin de purificarnos, y nuestro cuerpo ha sido lavado con agua pura*».

Cuando yo apliqué la sangre de Jesús a mi conciencia, experimenté un nuevo deleite al estar con Dios. Iba a orar con anticipación y gozo de estar con Él. Entrar en la adoración era más fácil de lo que nunca había sido porque no había un manto de vergüenza. La evidencia de que hemos aplicado la sangre para limpiar la vergüenza es que tenemos audacia para entrar en el Lugar Santísimo.

> *Así que, hermanos, teniendo libertad para entrar en el Lugar Santísimo por la sangre de Jesucristo, por el camino nuevo y vivo que él nos abrió a través del velo, esto es, de su carne, y teniendo un gran sacerdote sobre la casa de Dios, acerquémonos con corazón sincero, en plena certidumbre de fe, purificados los corazones de mala conciencia, y lavados los cuerpos con agua pura* (Hebreos 10:19-22).

Podemos acercarnos confiadamente al lugar más santo de todos, el trono de la santa presencia de Dios, porque la sangre nos ha hecho santos. En este pasaje, la palabra entrar describe la entrada de un sacerdote que se acerca a Dios para servirle. Nosotros somos capaces de acercarnos al Señor en Su santo templo celestial, trayendo sacrificios de alabanza y ofreciendo oraciones por nuestras familias, amigos e incluso por nosotros mismos. La sangre no sólo limpia nuestra culpa; nos hace reyes y sacerdotes, capaces de ministrar a Dios y para Dios.

> *... Al que nos amó, y nos lavó de nuestros pecados con su sangre, y nos hizo reyes y sacerdotes para Dios...* (Apocalipsis 1:5-6).

La sangre nos hace parte de la familia real de Dios. Podemos entrar en el lugar más santo del cielo donde Jesús, el Rey del universo, está sentado en Su lugar de poder. Por medio de la fe en Su sangre derramada, nosotros pertenecemos allí. Por medio de la sangre de Jesús, podemos acercarnos a nuestro Padre Celestial y tener la relación con Él que Él siempre ha querido. Podemos venir a nuestro Padre Celestial sin culpa. Cuando nuestra fe capta la verdad de que somos libres de vergüenza, automáticamente nosotros nos acercaremos a Dios.

Haz algo

1. Identifica la presencia de cualquier culpa o vergüenza de tu pasado y aplica la sangre de Jesús a esa área de tu vida.
    a. Aplica la sangre diciendo: "Padre, la sangre de Jesús me limpia de toda maldad. Recibo la sangre derramada de Jesús por el pecado que cometí. Por Medio de Su sangre, soy limpio y justificado (1 Juan 1:9, Romanos 5:9).
    b. Camina en línea con lo que la sangre de Jesús ha logrado. En otras palabras, actúa como si fueras limpio y aceptable para tu

Padre Celestial. No vengas ante Él arrastrándote o recordándole todas las cosas de tu pasado. Ve a Él agradecido y regocijándote de que eres Su hijo.

2. *«Acerquémonos...»* (Hebreos 10:22).

a. Debido a que tenemos la sangre de Jesús, que provee un mayor acceso a Dios, debemos venir a Él, pedirle y tener comunión con Él.

b. Protege esa relación limpia e íntima con el Padre viviendo santo. La sangre nos limpia para apartarnos por Dios y para Dios. Honra la obra de la sangre manteniéndote puro de pecados sexuales como el adulterio o la pornografía. Si no estás casado, no estás autorizado a tener relaciones sexuales. Protege lo que la sangre ha hecho en ti.

c. Ponte a disposición para cumplir el plan de Dios. Todo miembro del cuerpo de Cristo tiene un papel que desempeñar en los asuntos de Su reino. La sangre te ha hecho capaz para servir al Señor.

Mi declaración

> *Adoro a mi Padre Celestial por todo lo que la sangre de Su Cordero ha provisto en mi vida. Por medio de la sangre de Jesús, soy redimido de una vida de pecado y vergüenza* (Apocalipsis 5:9). *Debido a la sangre de Jesús, soy justificado, puro y santo en la presencia de Dios* (Romanos 5:9). *La sangre de Jesús me ha hecho rey y sacerdote para Dios, y puedo reinar victoriosamente sobre las situaciones de mi vida* (Apocalipsis 5:10). *Entro en la presencia de Dios con confianza por la sangre y me acerco a Él* (Hebreos 10:19,22). *Al considerar la relación que tengo con mi Padre Celestial a causa de la sangre, me regocijo. Nunca seré el mismo ya que Jesucristo me ha lavado y limpiado por la sangre de la cruz.*

Orando por alguien que amas

La aplicación de la sangre de Jesús es una acción espiritual de creer con el corazón y declarar con la boca (Romanos 10:10). En la aplicación de la sangre del cordero de la Pascua en Éxodo 12, la sangre señalaba que las personas en ese hogar eran redimidas de la destrucción que vendría. *«Y la sangre os será por señal... y veré la sangre y pasaré de vosotros, y no habrá en vosotros plaga de mortandad...»* (Éxodo 12:13).

En el nombre de Jesús, yo aplico la sangre de Jesús a la vida de mi ser querido. Cubro su mente, voluntad y emociones con la sangre del Cordero de Dios. Mi ser querido es redimido de toda destrucción porque la sangre es señal de su protección. Padre, te pido que le reveles el poder que Tu sangre provee para limpiarlo de su pasado. Que camine en una comprensión tan clara de la sangre de Jesús que se acerque a Ti con confianza y alegría. Oro para que la sangre de Jesús limpie su conciencia hasta que se vea a sí mismo como Tu hijo, Tu heredero. ¡Gracias, Señor, por lo que Tu sangre está haciendo para ayudar a mi ser querido a caminar en victoria!

CAPÍTULO CATORCE

FUNDAMENTO #4 PONTE LA MENTE DE CRISTO

Al salir de la cochera, yo revisé la lista en mi mente. *¿Apagué la plancha? Palomita. ¿Traje mi Biblia? Palomita.* Llegaría a tiempo a la iglesia si no me encontraba con algún retraso en la calle Gallatin. Deslizándome entre los carriles, me abrí paso a través de la hora de máximo transito con facilidad, pensando en la serie de sermones que el pastor había estado ministrando y cómo estaban ayudando mi vida. Espero que continúe enseñando sobre ese tema esta noche, pensé, mientras ponía la intermitente y me cambiaba al carril para dar vuelta.

Mis pensamientos se desviaron bruscamente cuando la patrulla de policía se cambió al carril para dar vuelta detrás de mí. Mis manos comenzaron a sudar profundamente mientras mi estómago se retorcía en nudos. Sentía como si toda la sangre corriera de prisa por todo mi cuerpo, y tenía que recordarme a mí misma que debía respirar. Mi mente corría con una avalancha de pensamientos atormentadores, los mismos pensamientos que había soportado durante años cada vez que una patrulla de policía se detenía detrás de mí en el tráfico. *¿Qué pasa si te detiene? ¿Qué si checa las placas y descubre que no pertenecen a este auto? ¿Qué pasa si te pide tu tarjeta de seguro? ¿Y si registra tu carro y encuentra...?*

De repente, me pregunté: *¿qué te preocupa? ¡Soy completamente legal!* Mis placas, tarjeta de circulación y seguro estaban intactos. No tenía drogas, alcohol ni armas en el auto, ¡solo una Biblia! Estaba sobria y libre de drogas. Si la policía me detuviera, no tendrían ninguna razón para arrestarme y meterme en la cárcel. ¡Estaba tan emocionada! ¡Casi quería que me detuvieran solo para poder mostrar lo limpia que estaba!

Pero, ¿qué impidió que mi mente se acelerara y que mi estómago se sintiera como si estuviera atado en nudos? El pensamiento equivocado causó una reacción negativa de miedo, mientras que el pensamiento correcto trajo paz. Cuando reemplacé la forma anterior de pensar, pude superar la forma en que esos pensamientos me estaban afectando.

Para afuera lo viejo

La Biblia dice en 1 Corintios 2:16: «... *tenemos la mente de Cristo*». Pero, ¿qué significa eso? Ahora que somos salvos, ¿nuestra mente piensa automáticamente bien? La mía no. De hecho, mantuvo los mismos pensamientos hasta que yo me propuse a cambiar mi mente. Nosotros nacemos de nuevo y podemos pensar como Cristo si nosotros intercambiamos nuestros pensamientos por los pensamientos de Dios. Yo pronto descubrí que este intercambio de pensamientos era mi responsabilidad.

La Biblia dice que nosotros podemos abandonar nuestras viejos caminos y pensamientos, aceptando la forma superior de pensar de Dios en el proceso.

> *¡Que dejen los impíos su camino, y los malvados sus malos pensamientos! ¡Que se vuelvan al Señor, nuestro Dios, y él tendrá misericordia de ellos, pues él sabe perdonar con generosidad. El Señor ha dicho: «Mis pensamientos no son los pensamientos de ustedes, ni son sus caminos mis caminos. Así como los cielos son más altos que la tierra, también mis caminos y mis pensamientos son más altos que los caminos y pensamientos de ustedes* (Isaías 55:7-9 RVC).

Por algunos unos años después de mudarnos a Kansas, trabajé para una compañía de administración de propiedades. Mis responsabilidades incluían pintar, limpiar y reparar ligeramente las casas que habían sido desocupadas, preparándolas para los próximos inquilinos. Los inquilinos anteriores a menudo dejaban basura, muebles rotos y artículos no deseados. Antes de poder limpiar o hacer reparaciones, yo tenía que sacar la basura de la casa. Iba de habitación en habitación, embolsando la ropa, y basura y quitando cualquier electrodoméstico o mueble roto. Cuando lograba eliminar toda la basura dejada por las personas que una vez vivieron allí, era fácil aplicar la pintura fresca y limpiar profundamente la casa para prepararla para aquellos que se mudarían a la casa.

Antes de que tu puedas vivir con éxito esta nueva vida que Dios ha provisto, tienes que quitar la basura que fue recolectada por el inquilino anterior, ¡el viejo tú! Esta es la conexión entre la vieja vida y la nueva.

> *Deshágnse de su vieja naturaleza pecaminosa y de su antigua manera de vivir, que está corrompida por la sensualidad y el engaño. En cambio, dejen que el Espíritu les renueve los pensamientos y las actitudes. Pónganse la nueva naturaleza, creada para ser a la semejanza de Dios, quien es verdaderamente justo y santo* (Efesios 4:22-24 NTV).

Las instrucciones en estos versículos están dirigidas hacia nosotros. En el versículo 22, se nos dice que desechemos lo viejo, y en el versículo 24, la instrucción es *«pónganse la nueva...»*. Justo en el medio, tenemos la clave: ¡renovar los pensamientos!

Deja que el agua de la Palabra de Dios lave tu cerebro. ¡Sí! Permite que la Palabra de Dios te lave el cerebro para que pienses en línea con Él. Cuando nosotros comenzamos a pastorear la iglesia en Kansas, nos encontramos con muchas personas hermosas que habían estado en la iglesia, pero no en la Palabra. Conforme enseñábamos los principios básicos de la Biblia, una querida señora dijo: "siento que me están lavando el cerebro, pero en el buen sentido. Esta es la Palabra de Dios. Lo estoy leyendo directamente de la Biblia, pero nunca lo había visto antes".

Una de las cosas que le habían enseñado a ella era que era peligroso orar por paciencia porque Dios te pondría cosas terribles para enseñarte paciencia. Nosotros comenzamos a enseñar sobre el fruto del Espíritu de Gálatas 5:22-23, y ella vio que la paciencia era puesta en su corazón en el nuevo nacimiento. Ella descubrió que la paciencia es la herramienta que podemos sacar y poner a trabajar cuando surgen dificultades. Cuando nosotros trabajamos nuestra paciencia, ésta se desarrolla. Pero la paciencia es una provisión de parte de Dios para ayudarnos a caminar en victoria y obtener las promesas. ¡Esa querida hermana había sido privada de la ayuda que la paciencia proporciona porque ella pensaba incorrectamente!

En Romanos 12:2, encontramos la misma instrucción para renovar la mente. En este versículo, podemos ver una indicación de que la renovación de la mente nos ayuda a madurar espiritualmente.

> *Y ya no se conformen a este mundo [con sus valores y costumbres superficiales], sino que sean transformados y progresivamente cambiados [a medida que maduran espiritualmente] mediante la renovación de su mente [centrándose en valores piadosos y actitudes éticas], para que puedan probar [por ustedes mismos] cuál es la voluntad de Dios,*

> *lo que es bueno, aceptable y perfecto [en Su plan y propósito para ustedes]* (Romanos 12:2 AMP).

Este texto dice que somos *transformados y progresivamente cambiados a* medida que renovamos nuestras mentes. La transformación es como una oruga que se convierte en una mariposa. Aunque comenzó como una oruga, la metamorfosis proporciona un cambio tal que ni siquiera puedes reconocerla como la misma criatura. La mariposa no solo se ve diferente en apariencia, sino que también tiene movilidad y agilidad que nunca conoció como oruga. Nosotros estamos diseñados para elevarnos por encima de la adversidad y avanzar hacia las provisiones del reino de Dios, pero debemos pensar de manera correcta para vivir correctamente.

¿Mente espiritual o carnal?

Si la mente renovada es una mente espiritual, ¿cómo llamas a la mente del cristiano que no ha renovado su mente? La Biblia lo llama una mente carnal.

> *Porque el ocuparse de la carne es muerte, pero el ocuparse del Espíritu es vida y paz. Por cuanto los designios de la carne son enemistad contra Dios; porque no se sujetan a la ley de Dios, ni tampoco pueden* (Romanos 8:6-7).

Según este versículo, la mente carnal se posiciona en contra de la dirección de Dios y no quiere seguir los planes, instrucciones o guías de Dios. Creo que esto es lo que el apóstol Pablo quiso decir cuando dijo: *«realmente no me entiendo a mí mismo, porque quiero hacer lo que es correcto pero no lo hago. En cambio, hago lo que odio»* (Romanos 7:15 NTV).

¡Yo he estado allí! ¿Y tú? ¿Alguna vez te has preguntado, *¿por qué hice eso? ¿Por qué actué de esa manera?* Un día, yo me encontraba siguiendo a mi esposo por toda la casa para poder tener la última palabra. Todo el tiempo que lo estaba haciendo, mi corazón me decía que encontrara una respuesta blanda que quita la ira (Proverbios 15:1). ¡Pero no! De un lado a otro de la casa yo iba, decidida a que él admitiera que yo tenía razón. Por supuesto, tuve que arrepentirme delante de él y delante del Señor, pateándome espiritualmente mientras me preguntaba: *¿por qué no di una blanda respuesta? ¿Por qué mantuve el desacuerdo?* Yo sabía la respuesta. Tenía una mentalidad carnal. ¡Gracias a Dios, he recorrido un largo camino!

Otro propósito vital de renovar la mente es cerrar la puerta al ataque del enemigo. Satanás ataca por medio de pensamientos e ideas. Si nosotros tenemos nuestra mente renovada por la Palabra de Dios, el enemigo no puede encontrar una entrada y ganar una fortaleza.

> *Pues aunque andamos en la carne, no militamos según la carne; porque las armas de nuestra milicia no son carnales, sino poderosas en Dios para la destrucción de fortalezas, derribando argumentos*

> *y toda altivez que se levanta contra el conocimiento de Dios, y llevando cautivo todo pensamiento a la obediencia a Cristo* (2 Corintios 10:3-5).

Nuestras armas funcionan destruyendo, derribando, y llevando cautivos los pensamientos. La lista describe pensamientos en varias etapas de desarrollo: fortalezas, imaginaciones (argumentos), pensamientos que tratan de ganar una posición por encima de la Palabra de Dios y pensamientos básicos.

Si tú llevas un pensamiento a la obediencia de Cristo, nunca ganará el impulso para exaltarse contra el conocimiento de Dios. No se expandirá en una imaginación, y no avanzará al nivel de una fortaleza.

Una fortaleza consiste en patrones de pensamiento que han sido fuertemente desarrollados y arraigados en tu mente. Has permitido que esos pensamientos se procesen en tu mente varias veces hasta parecer normales. El prejuicio es una fortaleza. Las fobias son fortalezas. Una adicción es una fortaleza. Ninguno de estos se construye pensando de esa manera una vez. Mientras que el enemigo "energiza" el odio, el miedo o la adicción, la base de la esclavitud es un proceso de pensamiento. La descripción de cómo funcionan nuestras armas contra ellas es "destruyendo", lo cual pinta una imagen de algo construido en tu mente.

Las imaginaciones y los pensamientos que se exaltan contra el conocimiento de Dios están en un nivel debajo de una fortaleza, pero por encima de un pensamiento básico. Las imaginaciones tienen detalles como un video que se reproducen en la mente. Cuando mis adolescentes llegaban tarde a casa, yo tenía que derribar las imaginaciones. Las imágenes mentales de todas las cosas terribles que podrían haber sucedido corrían por mi mente. Me sentía como un jugador de tenis que golpeaba constantemente la pelota mientras derribaba la imaginación, una y otra vez.

Cualquier persona que haya superado la adicción puede recordar cómo la tentación comenzó con un pensamiento y continuó en una imaginación. Por ejemplo, van muy bien toda la semana. Pero cuando llega el día de pago, el saber que el dinero está disponible viene con un pensamiento. Si no llevan cautivo el pensamiento, pronto tendrán un plan. Pensarán, *puedo cobrar mi cheque durante mi hora de almuerzo, conducir hasta el traficante de drogas, drogarme y regresar a tiempo para terminar mi día.* La imaginación o el plan circula en su mente, presionándolos y ganando impulso hasta que actúan según lo que están imaginando.

Nosotros debemos derribar *la imaginación y toda altivez que se exalta contra el conocimiento de Dios.* ¿Qué es una altivez? Bueno, ¿qué del viento y las olas que provocaron pensamientos en Pedro, haciéndolo dudar de la palabra de Jesús? Entonces, una *altivez* puede ser una situación o evento que trata de cambiar nuestra mente y convencernos en contra de la Palabra de Dios.

Nosotros debemos desarrollar un sistema de alarma espiritual que suene en voz alta y encienda un foco rojo cada vez que algo intente alejarnos de la Palabra de Dios. ¿Cómo sería nuestra vida hoy si Eva hubiera tenido un sistema de alarma? Cuando lees los detalles de cómo el diablo la atacó, no ves ninguna resistencia de parte de Eva. Para el caso, ella pudo haber invitado a Satanás a sentarse y tomar un café. Ella lo hizo sentir cómodo en la conversación y le permitió exaltar sus mentiras mortales por encima de la verdad amorosa de Dios que una vez la protegió. Cuando la imaginación estaba reproduciendo su video mental con toda su fuerza, Eva percibió cosas que nunca antes había considerado.

> *Y vio la mujer que el árbol era bueno para comer, y que era agradable a los ojos, y árbol codiciable para alcanzar la sabiduría; y tomó de su fruto, y comió; y dio también a su marido, el cual comió así como ella* (Génesis 3:6).

Una vez que Satanás tuvo acceso a los pensamientos de Eva, él dirigió sus acciones. Cuando ella lo vio el árbol y actuó en línea con ese pensamiento equivocado. ¿Ves por qué el Señor nos dijo que abandonáramos los pensamientos que solíamos pensar y abrazáramos Sus pensamientos? Los pensamientos de Dios contienen los caminos de Dios, y los pensamientos de Satanás contienen los caminos de Satanás.

Entonces, ¿podemos llevar *todo* pensamiento a la obediencia? ¡Sí! La Biblia dice que podemos, así es que nosotros podemos. Y no es tan abrumador como parece. Si tu renuevas la mente, eliminas y reemplazas el pensamiento viejo y torcido con buen juicio y sabiduría. En ese punto, se trata de mantener la mente, protegiéndola contra la entrada de pensamientos equivocados.

Un guardia a la puerta de la mente

Me encanta algo que Kenneth E. Hagin enseñó sobre la mente. A menudo él comentaba que renovar la mente es como peinarte el cabello. Necesitas hacer ambas cosas todos los días. ¡Qué cierto! Nos encontramos con suficientes ideas adversas y pensamientos mundanos con solo ver los comerciales en la televisión, y mucho más con toda la demás información con la que tratamos en nuestro día. Por lo tanto, necesitamos practicar diariamente usando las armas de nuestra guerra que destruyen, derriban y llevan cautivos los pensamientos.

> *Por tanto, ceñid los lomos de vuestro entendimiento, sed sobrios, y esperad por completo en la gracia que se os traerá cuando Jesucristo sea manifestado* (1 Pedro 1:13).

Observa la forma diferente en que la frase *«ceñid los lomos de vuestro entendimiento»* se traduce en las siguientes versiones en inglés:

- AMPC, Preparen sus mentes.
- GW, Sus mentes deben estar claras y listas para la acción.

- WET, Quiten del camino todo lo que impida la libre acción de la mente.

Las imágenes producidas por las palabras *ceñir* y *preparar* nos ayudan a ver el freno y restricción que debemos establecer en la entrada de nuestros pensamientos. No podemos permitir que nuestra mente siga ciertos caminos o deambulen en la dirección equivocada. No tenemos que aceptar todo pensamiento que se presenta en la mente.

La Biblia da una lista específica de pensamientos que son aceptables.

> *Y la paz de Dios, que sobrepasa todo entendimiento, guardará vuestros corazones y vuestros pensamientos en Cristo Jesús. Por lo demás, hermanos, todo lo que es verdadero, todo lo honesto, todo lo justo, todo lo puro, todo lo amable, todo lo que es de buen nombre; si hay virtud alguna, si algo digno de alabanza, en esto pensad* (Filipenses 4:7-8).

Si el pensamiento no se encuentra en la lista, debe ser rechazado. Al igual que un guardia que se para fuera de un club solo para miembros, negando la entrada a cualquiera que no esté en la lista, debemos ser diligentes con los pensamientos que aceptamos. Cuando hacemos nuestra parte, la paz de Dios mantendrá nuestros corazones y mentes a salvo y seguros del miedo y el tormento.

Uno de mis versículos favoritos es Isaías 26:3 que dice: *«Tú guardarás en completa paz a aquel cuyo pensamiento en ti persevera; porque en ti ha confiado»*. La palabra *persevera* indica que nosotros ponemos nuestra mente en el Señor para descansar en Él. Si nosotros mantenemos nuestra mente, la restauración sobrenatural de Dios puede continuar trabajando en nuestra vida. Yo me he esforzado por mantener mi mente en Dios, Su pacto, Sus promesas y Su provisión en Cristo. Yo testificaré que Dios ha sido fiel para restaurar mi vida y mantenerme en perfecta paz.

Haz algo

1. Identifica las áreas en tus pensamientos donde tienes preocupación, temor o miedo. Prepárate para llevar cautivos los pensamientos antes de que ganen impulso.
2. Cuando llegue el pensamiento, habla la Palabra de Dios al pensamiento. Por ejemplo: "La Palabra de Dios dice: 'aunque ande en valle de sombra de muerte, no temeré ningún mal'. Dios está conmigo. Ningún mal me sobrevendrá, y ninguna plaga o enfermedad se acercará a mí" (Salmo 23:4, Salmo 91:10).
3. Se consciente de los pensamientos que se presentan por la televisión o las redes sociales. Hay programas que no debes ver

y personas a las que no debes seguir en las redes sociales. Si pensamientos de crítica se insertan constantemente en tu mente, tendrás dificultades para caminar en amor. Si pensamientos de miedo se depositan en tu mente todos los días, obtendrás una cosecha de temor, incluso si esa no era tu intención.

4. Una vez que hayas derribado las fortalezas del temor, el prejuicio, la crítica, etc., construye fortalezas piadosas en tus pensamientos.

   a. Una fortaleza de justicia: Isaías 54:14, 1 Corintios 1:30, Filipenses 3:9, Romanos 10:3-4.

   b. Una fortaleza de salud: Éxodo 15:26, Éxodo 23:25, Salmo 91:16, Salmo 103:1-4, Isaías 53:1-5.

   c. Una fortaleza de paz: Isaías 26:3, Filipenses 4:7-8.

   d. Una fortaleza de la Bendición: Génesis 1:28, Génesis 12:1-3, Deuteronomio 28:1-14, Proverbios 10:22.

Mi declaración

Yo someto mis pensamientos y percepciones a la autoridad de la Palabra de Dios. Invito al Espíritu Santo a corregirme si tengo algún pensamiento equivocado que me impida caminar en el plan de Dios. Yo estoy siendo transformado a medida que renuevo mi mente con la Palabra de Dios, y puedo percibir la voluntad de Dios buena, agradable y perfecta en mi vida (Romanos 12:2). *Tengo la mente de Cristo, y elijo mantener mi pensamiento en el Señor y Sus promesas* (1 Corintios 2:16, Isaías 26:3). *Me niego a permitir que el temor, la preocupación o el desánimo acosen mi mente. Rechazo toda acusación demoníaca que no esté de acuerdo con lo que la Palabra de Dios dice de mí. En cambio, pienso en las cosas que son verdaderas, justas, puras, amables y de buen nombre* (Filipenses 4:8). *¡Dios me ha dado una mente sana!*

Orando por alguien que amas

Las armas de nuestra guerra, de las que se habla en 2 Corintios 10:3-5, están disponibles para usarlas cuando oremos por nuestros seres queridos para destruir fortalezas, derribar imaginaciones y llevar cautivos los pensamientos. Nosotros podemos aplicar presión espiritual contra las mentiras y el engaño que el enemigo usa contra nuestros seres queridos y orar para que luz y claridad sean provistas.

Por ejemplo, el apóstol Pablo oró en Efesios 3:18-19 para que ellos pudieran comprender las dimensiones del amor de

Cristo para que pudieran ser llenos de la plenitud de Dios. Él indicó en Efesios 4:18 que cuando el entendimiento se oscurece, hace que las personas se aíslen de la vida de Dios. Entonces, oremos para que la luz de la Palabra de Dios brille en la mente de nuestros seres queridos.

> *Padre, Tu Palabra es una lámpara para nuestros pies y una luz para nuestros caminos* (Salmo 119:105). *En el nombre de Jesús, oro para que la luz producida por Tu Palabra brille intensamente en la mente de mi ser querido, dándole entendimiento de su lugar en Cristo y victoria sobre todo tipo de destrucción* (Salmo 119:130).
>
> *En el nombre de Jesús, tomo la autoridad sobre la ceguera mental del enemigo. Rompo las mentiras y el engaño de Satanás operando en contra de él. Declaro libertad de su mente para ver la luz. Oro para que mi ser querido olvide, abandone y deje por completo los pensamientos injustos de su pasado y se someta a Tus pensamientos que son más altos* (Isaías 55: 7, 9). *Oro por la paz de Dios que sobrepasa todo entendimiento que haga guardia sobre el corazón y la mente de mi ser querido* (Filipenses 4:7). *Gracias, Padre, por darle a mi ser querido una mente sana, ¡la mente de Cristo!*

CAPÍTULO DIECISEIS

FUNDAMENTO #5 APRENDE A SEGUIR AL ESPÍRITU DE DIOS

La forma en que el Espíritu Santo guía no es difícil de seguir. Él es "profesional" en guiar al pueblo de Dios. Con Su ayuda, podemos evitar cada dificultad, fracaso y trampa. Si nosotros estamos siguiendo la guía del Espíritu Santo, Él nos estará guiando en provisión y protección.

El Espíritu de Dios está *llamado* a guiarnos con un santo llamamiento de parte de nuestro Padre Celestial, y Él toma Su llamado en serio. Jesús usó la palabra griega *parakletos* para identificar el papel del Espíritu Santo en nuestras vidas. La segunda parte de esta palabra compuesta significa "llamar, convocar o nombrar". Esta describe un llamado santo como el llamado a ser pastor, evangelista o profeta. El Espíritu de Dios está designado por Dios para ayudarnos en cada área de nuestras vidas.

> *Mas el Consolador, el Espíritu Santo, a quien el Padre enviará en mi nombre, él os enseñará todas*

> *las cosas, y os recordará todo lo que yo os he dicho* (Juan 14:26).

Nosotros necesitamos esta ayuda santa para vivir el plan de Dios. Necesitamos las cosas que el Espíritu Santo enseña, y necesitamos Su ayuda para recordar lo que el Señor nos ha hablado. Por lo tanto, debemos querer hacernos hábiles en aprender y recibir del Espíritu de Dios.

El Espíritu Santo es experto en hacer Su parte si nosotros hacemos nuestra parte. Pero Él es un caballero. Él no nos obligará a prestarle nuestra atención. Él no exigirá que nos levantemos de la cama y lo busquemos. En cambio, el Espíritu Santo está en espera, listo para impartirnos, enseñarnos, guiarnos e iluminarnos.

Seguirle es nuestra parte. Todos nosotros podemos mejorar en el seguirle. Se necesita tiempo, atención y práctica, pero podemos crecer en esta área. El Espíritu de Dios nos ayudará a aprender a conocer Su voz y saber cómo Él guía.

La plenitud es la meta de Dios

¿Alguna vez te has quedado sin gasolina? Después de un par de veces de quedar varada al costado de la calle, finalmente me discipliné para ver el medidor de gasolina. Yo no conduzco en vacío. Por lo general, no dejo que el tanque llegue por debajo de medio tanque. Nosotros debemos desarrollar la misma disciplina en nuestras vidas espirituales. No permitas que tu reserva espiritual escasee.

Dios nos instruye a vivir en plenitud, ¡y hay una buena razón para hacerlo! El matrimonio es más fácil si estás lleno del Espíritu de Dios. Caminar en amor, recibir sanidad, perdonar a los demás y recibir corrección: estas cosas son más fáciles si mantienes la plenitud. Todo es más fácil cuando estás lleno de Dios.

> *Por tanto, no seáis insensatos, sino entendidos de cuál sea la voluntad del Señor. No os embriaguéis con vino, en lo cual hay disolución; antes bien sed llenos del Espíritu* (Efesios 5:17-18).

El diseño de Dios es que Sus hijos sean dirigidos por Su Espíritu. El versículo 18 en El Nuevo Testamento: Una Traducción Expandida dice: «... *Pero sean constantemente controlados por el Espíritu*». Es mucho más fácil para el Espíritu Santo guiarnos cuando vivimos llenos.

¿Cuál es la llenura del Espíritu y cómo accedemos a esa plenitud? Según las Escrituras, el Espíritu Santo vive en nosotros y *puede* venir sobre nosotros. Ambos son el diseño de Dios para ti.

Si tú lo tienes viviendo en ti, y después Él viene sobre ti, alcanzarás una plenitud y un desbordamiento. Como el tanque de gasolina que se desbordara, ¡tu corazón se desbordará!

Un pozo Y ríos

Jesús describió la interacción personal que tenemos con su Espíritu como un pozo o una fuente: «... *sino que el agua que yo le daré será en él una fuente de agua que salte para vida eterna*» (Juan 4:14). Esta fuente de agua viva es la presencia del Espíritu Santo, que permanece en el espíritu de cada creyente.

> *¿No saben que ustedes son templo de Dios, y que el Espíritu de Dios habita en ustedes?* (1 Corintios 3:16 RVC).
>
> *¿No se dan cuenta de que su cuerpo es el templo del Espíritu Santo, quien vive en ustedes y les fue dado por Dios? Ustedes no se pertenecen a sí mismos* (1 Corintios 6:19 NTV).
>
> *Y si el Espíritu de aquel que levantó de los muertos a Jesús vive en ustedes, el que levantó de los muertos a Cristo Jesús también dará vida a sus cuerpos mortales por medio de su Espíritu que vive en ustedes* (Romanos 8:11 RVC).

Pero Él no se detuvo ahí. Jesús también enfatizó otra interacción con el Espíritu Santo que debemos tener. En Juan 7, Jesús dijo que tendríamos ríos de agua viva fluyendo a través de nosotros.

> *En el último y gran día de la fiesta, Jesús se puso en pie y en voz alta dijo: «Si alguno tiene sed, venga a mí y beba. Del interior del que cree en mí, correrán ríos de agua viva, como dice la Escritura». Jesús se refería al Espíritu que recibirían los que creyeran en él. El Espíritu aún no había venido, porque Jesús aún no había sido glorificado.* (Juan 7:37-39 RVC).

La fuente o pozo es para nuestra estabilidad personal, pero los ríos proveen un fluir sobrenatural. ¡Nosotros necesitamos Su fluir sobrenatural! Jesús dio detalles específicos sobre el poder que se imparte en los ríos de agua viva.

> *Yo voy a enviar sobre ustedes la promesa de mi Padre; pero ustedes, quédense en la ciudad de Jerusalén hasta que desde lo alto sean investidos de poder* (Lucas 24:49 RVC).

La palabra *poder* se define como "fuerza, fortaleza, habilidad y hacedor de milagros". Jesús usó la misma palabra en Hechos 1:8 (NTV) cuando dijo: *«pero recibirán poder (fuerza, fortaleza, habilidad y hacedor de milagros) cuando el Espíritu Santo descienda sobre ustedes…»*.

El Señor claramente nos instruyó a recibir esta impartición de Su Espíritu. Los discípulos siguieron la instrucción y se reunieron, esperando la Promesa del Padre. Cuando el Espíritu Santo vino sobre ellos, ellos alcanzaron la plenitud hasta desbordar. El desbordamiento de Su plenitud se manifestó con ellos hablando en lenguas como el Espíritu les daba que hablaran.

> *Cuando llegó el día de Pentecostés, todos ellos estaban juntos y en el mismo lugar. De repente, un estruendo como de un fuerte viento vino del cielo, y sopló y llenó toda la casa donde se encontraban. Entonces aparecieron unas lenguas como de fuego, que se repartieron y fueron a posarse sobre cada uno de ellos. Todos ellos fueron llenos del Espíritu Santo, y comenzaron a hablar en otras lenguas, según el Espíritu los llevaba a expresarse* (Hechos 2:1-4 RVC).

Nosotros necesitamos la plenitud y la expresión del Espíritu de Dios. ¿Recuerdas lo que leímos de Efesios 5:18? Se nos instruye que seamos llenos. El griego literal dice: "ser siendo lleno". Se refiere a ser llenos continuamente por el Espíritu de Dios y describe declaraciones espirituales de salmos, himnos y canciones espirituales.

> *No se emborrachen con vino, lo cual lleva al desenfreno; más bien, llénense del Espíritu. Hablen entre ustedes con salmos, himnos y cánticos espirituales; canten y alaben al Señor con el corazón* (Efesios 5:18-19 RVC).

Gracias a Dios, yo fui llena del Espíritu Santo pocos días después de haber nacido de nuevo. Digo "gracias a Dios" porque puedo ver mi vida y ver cómo la llenura del Espíritu me ha ayudado.

Las canciones espirituales nombradas en el versículo 19 son un gran ejemplo. Ha habido veces que he estado cantándole al Señor, hablando en otras lenguas, y la respuesta a mi problema llegó flotando desde mi espíritu.

Más de una vez, Dios ha usado un salmo, un himno o una canción espiritual para ayudarme a romper obstáculos y redirigir el curso de determinada situación en mi vida. En el Salmo 32:7, Dios dice que Él "con cánticos de liberación me rodeará". No tiene que ser una canción en lenguas. El Espíritu Santo también puede darte una canción en español. El énfasis es que Él es el que está proveyendo sobrenaturalmente la declaración.

Cuando nosotros fundamos nuestro segundo campus de la iglesia ubicada en Little Rock, yo necesitaba una mayor provisión de fuerza y sabiduría. Nosotros teníamos nuestra base en De Soto, Kansas, y yo conducía a Little Rock todos los fines de semana.

Debido a que el viaje era de más de seis horas en el auto (solo de ida) yo comencé a usar ese tiempo para orar y cantar en el Espíritu. Pablo dijo en 1 Corintios 14:15: «*... oraré con el espíritu, pero oraré también con el entendimiento; cantaré con el espíritu, pero cantaré también con el entendimiento*».

Me di cuenta de que una melodía específica venía a mí mientras ministraba al Señor en canto. El Señor me dijo que era una canción que Él me había dado para traerme fortaleza espiritual. Yo fluía con la declaración del Espíritu de Dios en una melodía específica y era energizada en mi espíritu. Continué cantando esa canción cuando necesitaba la fuerza de Dios.

Canté esa canción en el Espíritu durante dos años antes de que el Señor me diera la interpretación de ella. Yo estaba en la iglesia, a punto de pasar de la adoración a la Palabra, cuando el Espíritu Santo me impulsó a cantar mi canción. Para mi sorpresa, después de cantar en lenguas, la interpretación comenzó a burbujear en mi corazón.

Mi canción espíritual

Y aunque andes por caminos que antes
parecían cerrados delante de tus pies.
Los días venideros se abren para más y para más.
Más por venir en gloria y más por venir a la luz.
Lo que Yo tengo guardado es más por venir.

Coro

Y más por venir, y más por venir, y más por venir
Y mayor aún, y mayor aún, y mayor aún.

Verso 2

Cada camino que Yo he diseñado que
y Yo he puesto delante de tus pies,
cada camino está lleno de

bendiciones y lo mejor de Mí.
Camina hacia adelante y camina
con confianza hacia Mi plan
porque en Mí tienes más que victoria.
Verso 3
La fuerza para caminar sobre terrenos más
altos fluye libremente desde Mi trono.
Planes más altos y caminos más
altos están disponibles en Mí.
Entra confiadamente en lo que Yo
he elegido para tu vida.
Camina en gloria y en victoria.

Siguiendo la guía

No puedo sobre enfatizar cuánto necesitamos la ayuda del Espíritu Santo. Hay momentos específicos en mi vida que puedo señalar y decir: "la guía del Espíritu Santo me rescató". Quiero mostrarles algunos ejemplos de Su guía sobrenatural en la Biblia antes de compartir algunas de las formas en que Él me ha rescatado.

Uno de mis ejemplos favoritos es cuando el Señor guió a Pablo y a Silas en su viaje misionero. En este ejemplo, podemos ver cómo el Espíritu Santo obrará con nosotros.

> *Después pasaron ellos por Frigia y por la región de Galacia, habiendo sido prohibidos por el Espíritu Santo hablar la Palabra en Asia. Y habiendo*

> *bajado a las fronteras de Misia, por un método de prueba y error siguieron tratando de descubrir si era correcto ir a Bitinia. Pero el Espíritu de Jesús no les permitió hacerlo. Y habiendo pasado junto a Misia bajaron a Troas. Y una visión se le apareció a Pablo durante la noche. Cierto hombre, un macedonio, estaba de pie y le rogaba y le decía: Ven a Macedonia de inmediato y ayúdanos. Y cuando vio la visión, nos esforzamos por salir a Macedonia, concluyendo que Dios nos había llamado para contarles las buenas nuevas* (Hechos 16:6-10 WET en inglés).

¿Notaste la frase "método de prueba y error"? Pablo y Silas estaban "tratando de descubrir" la dirección que el Señor quería que tomaran. Ellos supieron cuándo llegaron a una "luz roja" y se detuvieron. Pero tenían que continuar checando con el Espíritu Santo para ver si su próxima dirección era la dirección correcta. Finalmente, el Espíritu Santo usó una visión para transmitir el detalle específico que Pablo y Silas necesitaban.

El Espíritu Santo quiere que avancemos en lo que sabemos que es la voluntad de Dios. Es por eso que nosotros comenzamos con la Palabra como nuestro fundamento. Aprendemos a reconocer la voz de Dios cuando Él nos habla a través de Su Palabra.

Pero cuando se trata de detalles específicos que no están cubiertos por las Escrituras, no se nos deja resolverlo por nuestra cuenta. ¡No! ¡Tenemos al Espíritu Santo en Su plenitud, en nosotros y sobre nosotros! ¡Sus manifestaciones sobrenaturales nos rescatarán!

Una decisión crucial

Yo aprendí por las malas que tan difícil pueden ser las cosas cuando no mantengo una plenitud espiritual. Era un momento crucial en nuestro ministerio, y si yo no hubiera seguido al Señor para hacer algunas correcciones, habría perdido el ministerio que Dios había planeado para mí.

Parecía que el enemigo atacaba por todos lados. Uno de nuestros hijos estaba tomando decisiones equivocadas y causando caos en nuestro hogar. Al mismo tiempo, tres familias jóvenes de la iglesia decidieron recaer y comenzaron a beber en un bar local de karaoke. Esto hizo que otras personas de la iglesia se preguntaran qué les sucedió. Las finanzas de la iglesia estaban apretadas por un cambio en los ingresos, y nosotros estábamos esforzándonos para ajustar el presupuesto de la iglesia.

En ese momento, yo tenía poca fuerza espiritual. No me estaba alimentando de la Palabra como debería haberlo hecho. No estaba destruyendo imaginaciones o llevando cautivos los pensamientos. Por el contrario, permití que los pensamientos de preocupación corrieran desenfrenados por mi mente. En lugar de estar llena de todo gozo y paz en el creer (Romanos 15:13), estaba llena de dudas y miedo en la desesperación.

Decidí ceder mi cheque de pago e ir a trabajar por la noche. Mi decisión nació del razonamiento y la presión de la situación. El Espíritu Santo no estuvo involucrado en mi decisión. Yo estaba viviendo mi vida cristiana en la carne, lidiando con las dificultades con el uso de instrumentos carnales.

Durante el viaje de cuarenta y cinco minutos a mi turno de la tarde, estaba escuchando adoraciones, cantando y mis lágrimas fluían. Pudiera haber parecido que estaba haciendo algo espiritual, pero mi "adoración" estaba siendo motivada por mi carne. Estaba siendo emocional en lugar de espiritual, moviéndome más profundamente en la tristeza. Le estaba diciendo al Señor lo horribles que eran las cosas en mi vida, rogándole que me ayudara cuando de repente el Espíritu Santo me habló.

Él dijo: "si no pones a trabajar la Palabra de la manera en que has sido enseñada, vas a perder todo lo que Yo he planeado para ti".

En ese momento, tuve una visión de fichas de dominó cuidadosamente formadas en una línea. Cuando cayó el primer dominó, siguió toda la fila, una por una hasta llegar al último dominó. Luego, el Espíritu Santo me explicó: "si dejas de lado la fe en esta situación, eso tendrá un efecto dominó, haciendo que eventualmente, cuestiones tu salvación".

Las palabras que el Espíritu Santo me habló esa noche me sacudieron del estupor de la autocompasión y la duda. Me sequé los ojos y eché un vistazo sobrio a mi condición espiritual. Yo no estaba operando en fe. Había reaccionado a la situación desde mi mente y emociones sin haber consultado la Palabra de Dios o la ayuda del Espíritu Santo.

Yo tomé la Palabra y comencé a edificar mi fe. Dentro de un mes, estaba de regreso trabajando en la iglesia, recibiendo un cheque de pago cuando había el dinero y sembrando mi tiempo para el Señor cuando no lo estaba. Ese mes, me ofrecieron una propuesta para presentar mi propio programa de televisión. Mientras yo me sentaba en mi escritorio, mirando la oferta, mi esposo entró en mi oficina y me preguntó: «¿crees que deberías firmar el contrato?».

Sin consultar mi cabeza, respondí desde mi espíritu: "no tengo la opción de no firmarlo". Yo tomé la pluma y firmé el contrato, comprometiéndome a pagar un año de tiempo de emisión y producción. Nosotros comenzamos nuestro programa, *Constructores de Fe (Faith Builders) con Philip y Michelle Steele,* en el 2010 y hemos estado ministrando por medio de la televisión desde entonces, expandiéndonos para incluir una transmisión en español.

Alabo al Señor por Su misericordia, pero he aprendido de ese error. Aprendí que la vida es más fácil si vivo llena de Dios. Me esfuerzo por mantener una plenitud continua del Espíritu de Dios. Reviso mis niveles de alegría a menudo y recargo mi alegría estando agradecida y regocijándome. Protejo mi paz echando todas mis preocupaciones sobre el Señor. Me alimento de la Palabra de Dios y me pongo en Su presencia como un estudiante que tiene mucho que aprender.

Indicaciones y percepciones

No debemos exigir una guía espectacular del Espíritu Santo. Muchas veces, el Espíritu de Dios nos impulsará suavemente. Romanos 8:16 describe la guía diciendo: *«El Espíritu mismo da testimonio a nuestro espíritu, de que somos hijos de Dios»*.

Cuando Lucas escribió su relato del Evangelio, dijo: *«me pareció bien... escribirte...»*. Pedro declaró al explicar las Escrituras: *«... los santos hombres de Dios hablaron siendo inspirados por el Espíritu Santo»* (2 Pedro 1:21). La guía del Espíritu Santo no siempre es dramática. A veces es una inspiración o una percepción.

Pablo estaba siendo guiado por el Espíritu para advertir al capitán del barco que no navegara en la tormenta. Él dijo: *«... Varones, veo que la navegación va a ser con perjuicio y mucha pérdida, no solo del cargamento y de la nave, sino también de nuestras personas»* (Hechos 27:10). Pablo estaba percibiendo eso en su espíritu como un piloto que puede leer una pantalla de radar y ver una tormenta inminente.

En una de las ocasiones en que estaba conduciendo de Little Rock a Kansas, me sentí impulsada a detenerme y cargar combustible. Miré hacia abajo en mi indicador de combustible, pero estaba tres cuartas partes lleno. Yo acababa de cargar combustible en mi última parada. La indicación me vino de nuevo con una simple idea: "no está de más rellenarlo". Seguí la indicación, sabiendo que era del Señor. Solo tomó unos minutos llenar el tanque. Volví a subir a mi auto y continué hacia la Ciudad de Kansas. Cuando me acerqué a Harrisonville, supe por qué el Señor me impulsó. Un accidente cerró la carretera. Era tan reciente que los socorristas aún no habían llegado. Si no me hubiera detenido, podría haber sido yo. Gracias, Señor, por el rescate del Espíritu Santo.

Un día, mi esposo subió las escaleras como un hombre con una misión. Por la mirada en su rostro, supe que estaba preocupado. Inmediatamente, le pregunté: «¿qué pasa?».

Me dijo que el Señor le había dirigido a mirar en uno de los cajones de la habitación de nuestro adolescente. El Señor le dijo específicamente: "mira en el cajón superior, en la parte de atrás, en la esquina derecha". Yo lo seguí a la habitación. Él sacó el cajón, ¡y allí, en la esquina derecha, había un paquete de cigarrillos y un encendedor! ¡Cachado!

Yo experimenté una indicación similar con otra de nuestros adolescentes. Antes de ir a la iglesia, ella dijo que no se sentía bien, así que le permití que se quedara en casa. Yo dirigía la alabanza y la adoración, y mi esposo iba a predicar ese día. Tan pronto como terminé la adoración y le entregué el servicio a él, el Espíritu Santo me dijo: «¡toma tus llaves y vete a casa AHORA!».

Le dije a mi asistente: "tengo que ir a mi casa ahora mismo". Ella se subió al auto y nos dirigimos a mi casa. Mientras entraba en mi calle, vi un auto en mi cochera que no reconocí. Entré a la casa a tiempo para atrapar a un adulto que estaba planeando algo inapropiado con mi adolescente. ¡Llegué a la casa justo a tiempo!

Estos son ejemplos de salvamento dramáticos. Pero el Espíritu Santo me ayuda todos los días. Las decisiones que tomamos acerca de nuestro ministerio están llenas de momentos en que Él nos dirige a hacer algo específico. Yo puedo jugar a "conectar los puntos" mirando hacia atrás para ver que esta decisión nos llevó a esta puerta de favor, que nos dirigió a esta relación, etc.

La conclusión es esta: necesitas todo lo que el Espíritu Santo está llamado a traer a tu vida. Necesitas Su plenitud y ayuda sobrenatural. ¡Haz tu meta ser Su mejor estudiante!

Haz algo

1. Reconoce la posición que el Espíritu Santo está designado a tener en tu vida alimentándote de las siguientes Escrituras. El Espíritu Santo está aquí para:

    a. Enseñarnos todas las cosas (Juan 14:26).

    b. Nos recuerda la Palabra de Dios (Juan 14:26).

    c. Convencer al mundo (Juan 16:8).

    d. Guiarnos a la verdad (Juan 16:13).

    e. Habla lo que Él oye de Dios (Juan 16:13).

f. Nos hará saber las cosas que habrán de venir (Juan16:13).
g. Glorificar a Jesús (Juan 16:14).

2. Si eres salvo, el Espíritu Santo vive en tu corazón. Pero Jesús dijo que el Espíritu de Dios también vendría sobre ti para darte poder y traer Sus dones sobrenaturales a tu vida. Medita en los siguientes versículos y abre tu corazón para recibir Su plenitud.
   a. Jesús es Aquel que bautiza en el Espíritu Santo y fuego (Mateo 3:11, Marcos 1:8, Lucas 3:16, Juan 1:32-34).
   b. El Espíritu Santo vino SOBRE Jesús (Juan 1:32-34).
   c. Jesús identificó la "Promesa del Padre" como el bautismo del Espíritu Santo (Lucas 24:49, Hechos 1:2-5).
   d. Cuando la gente fue llena, habló en otras lenguas (Hechos 2:1-4, Hechos 10:44-46).

Mi declaración

El Espíritu de Dios mora en mí y me guía (Romanos 8:11, 14). *Debido a que el Consolador, el Espíritu Santo, vive en mi corazón, puedo escuchar directamente de parte de Dios. Nunca estoy sin la presencia de Dios para guiarme e instruirme en las decisiones que necesito tomar. El Espíritu Santo es mi Maestro. Yo me someto a Su liderazgo, comprometiéndome a responder con fe inmediatamente cuando el Espíritu de Dios me impulsa a hacer algo* (Juan 14:26). *El Espíritu Santo me guía a toda la verdad y me muestra las cosas por venir* (Juan 16:13). *Al seguirlo, estaré a salvo del engaño y consciente de los planes de Dios para mí.*

Yo recibo la plenitud del Espíritu Santo y Su poder (Hechos 1:8). *Como estoy constantemente lleno del Espíritu Santo, hablo en lenguas y glorifico a Dios* (Efesios 5:18, Hechos 2:11). *Yo coopero con los dones del Espíritu Santo como Él quiere y soy testigo de Jesucristo.*

Dios ha preparado cosas para mí que mis ojos no han visto, y mis oídos no han oído. El Espíritu Santo me está revelando estas cosas (1 Corintios 2:9-10). *Él me está mostrando todo lo que pertenece a Jesús porque yo soy un heredero de Dios y un coheredero con Jesucristo* (Juan 16:15, Romanos 8:17).

Orando por alguien que amas

Padre, la ayuda que Tu Espíritu Santo provee es tan necesaria para ayudar a mi ser querido a recibir de Ti y caminar en Tu plan. En el nombre de

Jesús, oro para que reconozca la guía y dirección de Tu Espíritu. Al aceptar a Jesús como Señor, él nace de Tu Espíritu (Juan 3:8), *y de acuerdo con Romanos 8:16, Tu Espíritu Santo será testigo con mi ser querido de que es Tu hijo y Tú le has dado una herencia. Pido de acuerdo con Efesios 1:17-19 que le des el espíritu de sabiduría y revelación en el conocimiento de Jesucristo. De acuerdo con Efesios 3:16, te pido que fortalezcas a mi ser querido por Tu Espíritu en su hombre interior. Te doy gracias, Padre, porque el Espíritu de la Verdad lo guiará a toda la verdad y glorificará a Jesús a mi ser querido.*

ORACIÓN DE SALVACIÓN

Querido Padre Celestial:

Vengo a Ti en el Nombre de Jesús. Tu Palabra dice: «que si confiesas con tu boca que Jesús es el Señor y crees en tu corazón que Dios lo levantó de entre los muertos, serás salvo». También dijiste: «todo el que invoque el nombre del Señor será salvo» (Romanos 10:9, 13 NVI).

Yo creo en mi corazón que Jesucristo es el Hijo de Dios. Creo que Jesús murió por mis pecados y resucitó de entre los muertos. Estoy invocando Su Nombre, el Nombre de Jesús. Padre, sé que Tú me salvas ahora.

Tu Palabra dice: «Porque con el corazón se cree para ser justificado, pero con la boca se confiesa para ser salvo» (Romanos 10:10 NVI).

Yo creo con mi corazón, y confieso a Jesús ahora como mi Señor. ¡Por lo tanto, soy salvo! Gracias, Padre.

Cómo ser lleno del Espíritu Santo

Hechos 2:38 (RVC) dice: *«Arrepiéntanse, y bautícense todos ustedes en el nombre de Jesucristo, para que sus pecados les sean perdonados. Entonces recibirán el don del Espíritu Santo»*. El Espíritu Santo nos es dado, a los hijos de Dios, por nuestro Padre Celestial.

Jesús dijo a Sus discípulos: *«pero recibiréis poder, cuando haya venido sobre vosotros el Espíritu Santo, y me seréis testigos»* (Hechos 1:8). Cuando nosotros somos bautizados con el Espíritu Santo, recibimos un poder sobrenatural que nos permite vivir victoriosamente.

El Espíritu Santo EN y SOBRE el creyente

Cuando nosotros nacemos de nuevo, recibimos la morada de la Persona del Espíritu Santo. Romanos 8:16 (RVC) nos dice: *«El Espíritu mismo da testimonio a nuestro espíritu de que somos hijos de Dios»*. Cuando nacemos de nuevo, lo sabemos porque el Espíritu da testimonio a nuestro propio espíritu de que somos un hijo de Dios; Él nos lo confirma. Él es capaz de dar testimonio con tu espíritu porque Él vive dentro de ti; tú eres *habitado* por el Espíritu de Dios.

Pero Jesús habla de otra experiencia que sigue al nuevo nacimiento en Hechos 1:8: «... *cuando haya venido sobre vosotros el Espíritu Santo*». Esta interacción con el Espíritu de Dios pertenece a cada creyente.

Dios quiere que seas lleno y desbordes con Su Espíritu. Ser lleno con el Espíritu es como ser lleno de agua. El hecho de que hayas tomado un trago de agua no significa que estés lleno de agua. En el nuevo nacimiento, tu recibiste la morada del Espíritu, un trago de agua. Pero ahora Dios quiere que seas lleno hasta desbordar, que seas lleno o bautizado con el Espíritu Santo.

> *Cuando llegó el día de Pentecostés, todos ellos estaban juntos y en el mismo lugar. De repente, un estruendo como de un fuerte viento vino del cielo, y sopló y llenó toda la casa donde se encontraban. Entonces aparecieron unas lenguas como de fuego, que se repartieron y fueron a posarse sobre cada uno de ellos. Todos ellos fueron llenos del Espíritu Santo, y comenzaron a hablar en otras lenguas, según el Espíritu los llevaba a expresarse* (Hechos 2:1-4 RVC).

Cuando los discípulos fueron llenos con el Espíritu Santo, ellos comenzaron a hablar en otras lenguas. El Espíritu Santo los llevó a expresarse, y ellos hablaron en un idioma desconocido para ellos. Hoy, cuando un creyente es lleno con el Espíritu Santo, ellos hablan en otras lenguas también. Estas no son palabras que vienen de la mente del hombre, sino que son palabras dadas por el Espíritu Santo.

¿Cuál es el beneficio de ser lleno del Espíritu Santo con la evidencia de hablar en otras lenguas? Primera de Corintios 14:2 dice: *«Porque el que habla en lenguas no habla a los hombres, sino a Dios...»*. Hablar en otras lenguas es una forma divina de comunicarte con tu Padre Celestial. Este es uno de muchos grandes beneficios.

Una vez que recibes el don del Espíritu Santo, tú puedes acceder a este don en cualquier momento, hablar en otras lenguas tan seguido como tú quieras; no tienes que esperar para que Dios se mueva en ti. Cuanto más hables en otras lenguas, más te beneficiarás por este don. Al continuar hablando en otras lenguas diariamente, podrás mantener una vida llena del Espíritu; vivirás lleno del Espíritu Santo.

Oración para recibir el Espíritu Santo

Padre, veo que el don del Espíritu Santo me pertenece porque soy Tu hijo. Vengo a Ti para recibir este regalo. Yo recibo el don del Espíritu Santo por fe de la misma manera que recibí a Jesús como mi Señor por fe. ¡Creo que recibo el Espíritu Santo ahora! Creo que hablaré en otras lenguas a medida que el Espíritu me dé a expresarme, al igual que aquellos de Hechos dos en el Día de Pentecostés. Gracias por llenarme con el Espíritu Santo.

A medida que las palabras que el Espíritu de Dios te dé floten desde tu corazón, debes abrir la boca y pronunciar esas palabras. Las palabras no vendrán a tu mente, pero flotarán desde tu espíritu. Pronuncia esas palabras.

Acerca de Michelle Steele

La pastora Michelle Steele conoce el poder transformador de Dios por experiencia propia. Su celo por difundir la Palabra se deriva de cómo Jesús la libró milagrosamente de una vida de destrucción y adicción. Hoy, Michelle y su esposo, el pastor Philip Steele, co-pastorean iglesias en De Soto, Kansas y Little Rock, Arkansas. Además, Michelle presenta Constructores de Fe (Faith Builders), un programa de televisión en inglés y en español que se transmite en la Red de Televisión Victoria (Victory Television Network) y Alma Visión Red Cristiana (Almavision Christian Network). Los Steele tienen su hogar en Little Rock y son padres de cinco hijos.

www.ingramcontent.com/pod-product-compliance
Lightning Source LLC
Chambersburg PA
CBHW062203080426
42734CB00010B/1767